Mon enfant s'épanouit

Si vous souhaitez recevoir notre catalogue et être tenu au courant de nos publications, envoyez-nous vos nom et adresse en citant ce livre et en précisant les domaines qui vous intéressent.

Solar – 12, avenue d'Italie, 75013 Paris
Site Internet : www.solar.tm.fr

ISBN : 2-263-03625-3
Code éditeur : S03625
Dépôt légal : février 2006

Imprimé en France par Mame, Tours.

Hélène Mathieu

Mon enfant s'épanouit

comment développer son intelligence émotionnelle de l'enfance à l'adolescence

SOLAR

À mes enfants, Samy-Julien, Nicolas, Lou-Andréa et Guillaume,

Par amour et pour « la vie elle-même ».

Avant-propos

Ce livre traite de l'épanouissement de nos enfants sous un angle original, celui des émotions, et adopte une approche plus éducative que psychologique. Deux raisons à ce choix. D'abord le constat que nos enfants pourraient être plus épanouis, plus heureux, plus confiants, plus ouverts, plus lucides, plus maîtres de leurs jeunes destinées : ils ne vivent pas la vie qu'ils méritent. Et, ensuite, le sentiment que de nombreux parents éprouvent des difficultés à éduquer leurs enfants, alors qu'il existe mille et une façons assez simples de créer les conditions propices à leur épanouissement.

Chaque adulte, et donc chaque parent, a la responsabilité de transmettre aux générations naissantes les clés et les outils qui leur permettent de réussir leur vie personnelle et de comprendre la société dans laquelle ils évoluent. De plus, malgré les problèmes de violence, de maltraitance, d'échec scolaire, de dépressions juvéniles et autres, l'école ignore l'importance primordiale de l'éducation aux émotions. Elle ne juge pas utile non plus de transmettre des savoirs sur le fonctionnement de l'esprit, la façon d'apprendre, de se concentrer, de dépasser la peur d'une interrogation ou d'un examen, nous laissant à nous, parents, la charge d'y remédier. Et c'est là que le bât blesse : nous sommes des analphabètes ! L'école des parents ? Nous n'y sommes jamais allés. Mieux encore, les émotions nous posent à nous aussi un sacré problème dans notre vie de tous les jours... Alors, accompagner nos enfants vers la libération et l'actualisation de leur potentiel, leur permettre de déployer leurs ailes encore plus facilement ? Autant gravir l'Himalaya... Il nous a donc semblé urgent de partager avec le plus grand nombre d'entre vous une démarche simple, efficace, éminemment respectueuse de la personne et fondée sur l'échange et le dialogue entre parents et enfants, via les émotions.

À l'instar du précédent ouvrage *La Réussite scolaire* (éditions Solar, 2004), nous traiterons notre propos sous deux angles, celui des parents comme celui des enfants. En effet, ce lieu commun ne heurtera personne : la relation que vous entretenez avec vos enfants est déterminante pour leur bien-être, leur personnalité et la vie qu'ils mèneront plus tard (responsabilité causale). En prendre conscience se révèle pourtant bien inutile si vous ne modifiez en rien les habitudes qui portent préjudice à leur croissance (responsabilité morale). À travers cet ouvrage vous découvrirez l'envie de changer ce qui vous semble juste pour permettre à vos enfants de s'épanouir vraiment.

Ne culpabilisez pas outre mesure, vous avez fait du mieux que vous pouviez avec ce que vous saviez. En outre, nombre de blocages émotifs prennent racine à l'extérieur du microcosme familial. Vous vous concentrerez donc sur votre enfant, au-delà de vous-même. S'il vous paraît trop timide, s'il s'effondre à la perspective d'un contrôle, s'il ne sait pas maîtriser ses colères, s'il se vexe à la moindre remarque, s'il ne participe à aucune activité, s'il se décourage facilement, s'il manque de confiance en lui, ce livre vous donnera des repères pour résoudre ses problèmes, au-delà de réponses toutes faites, qui donnent à rêver, mais pas à agir pour son bonheur. Prenez le temps de lui consacrer quelques heures, vous gagnerez pour vous des années de paix et, pour vos enfants, une véritable plénitude d'être.

Cet ouvrage est un livre grand public destiné aux parents en charge d'éduquer leurs enfants. Nous avons pris le parti de sélectionner pour eux les informations et les outils qui leur seront directement utiles. Nous avons parfois procédé à des raccourcis pour ne pas alourdir notre propos. Ceux d'entre vous qui souhaiteraient bénéficier d'informations plus poussées pourront se référer à la bibliographie présentée à la fin de cet ouvrage. Ensuite, nous avons choisi d'évoquer seulement les notions de « coaching » et de « parent-coach », largement développées dans notre précédent ouvrage *La Réussite scolaire* (éditions Solar, 2004), auquel vous pouvez vous référer. Enfin, nous vous conseillons de vous adresser à des professionnels de la santé ou de l'accompagnement (coach, psychothérapeute, psychologue, psychiatre, etc.) si vous sentez que votre enfant a un problème qui dépasse vos compétences.

Introduction

Les émotions sont omniprésentes dans la vie de vos enfants : **elles structurent leur personnalité, forgent leurs traits de caractère et dirigent bon nombre de leurs pensées et de leurs actes.** Elles sont aussi au cœur de leurs sentiments. Sans elles, pas de vie accomplie : pas d'amour, pas de rêve, pas de joie, pas de vie sociale, pas de projet, pas de protection efficace... Heureusement, vos enfants sont des êtres d'émotions. À vous, alors, de les éduquer pour leur permettre de s'épanouir pleinement !

A priori, les émotions ne devraient pas vous poser problème puisqu'elles sont inhérentes à la nature humaine. Pourtant, petits comme grands s'en méfient ou les ignorent. De **l'enfant « cœur de pierre »** qui a l'impression de ne rien ressentir à **l'adolescent « tragico-romantique »** macérant dans une purée de pois émotive, de la petite fille spontanée qui dit « tout ce qui lui passe par la tête » au jeune adulte qui, lui, ne dit rien, toutes les combinaisons émotives sont possibles. Certaines cependant nuisent vraiment à l'épanouissement. Il est donc important de comprendre comment s'enraye la mécanique humaine : **par quels mystères la croissance jusque-là harmonieuse de vos enfants se transforme-t-elle soudain en logique de destruction ?** À quelles solutions recourir alors ? Plus globalement, comment apprendre à vos enfants à canaliser leur énergie émotive pour leur permettre de grandir dans le bien-être et l'équilibre ? Telle est la vocation de ce livre, donner aux parents toutes les ressources pour les aider à favoriser l'épanouissement émotionnel de leurs enfants.

Comment appréhender les émotions ?

Agréables (joie, gratitude, etc.) ou désagréables (colère, tristesse, etc.), protéiformes, les émotions vous emportent quand vous êtes « impulsifs », freinent vos élans quand vous êtes « timides », dramatisent vos vies quand vous êtes « hypersensibles ». Mais que sait-on de plus à leur sujet ? Bien peu de choses, alors qu'elles déterminent vos vies !

Quelles sont les manifestations de l'émotion ?

Une émotion se traduit par une réaction soudaine du corps (« Cyril fronce ses sourcils et contracte ses mâchoires de colère ») et de l'esprit (« Cyril est submergé par sa colère : il n'accepte pas que son papa ait pu être aussi injuste envers lui ») qui pousse à agir (« Cyril a envie de donner un coup de pied à son père »). Elle a donc plusieurs dimensions : physiologique, psychologique et comportementale. Elle est déclenchée soit par un événement extérieur, soit par une pensée. Enfin, comme son étymologie l'indique (« é » vient de *ex* : « hors de », et « motion » de *movere* : « bouger »), l'émotion est « énergie ». Toute la problématique sera de la canaliser utilement pour la restituer intelligemment.

Quel est le siège de l'émotion ?

Les émotions sont intimement liées à l'évolution de notre cerveau : leur siège attitré se trouverait dans **le cerveau limbique** (appelé aussi « cerveau émotionnel »), apparu après le cerveau reptilien (dit « cerveau instinctif »). **Le néocortex** (« cerveau pensant ») n'est apparu qu'après. De nombreuses connexions existent entre l'un et l'autre, mais la collaboration n'est pas toujours au rendez-vous, des courts-circuits peuvent se produire !

À quoi servent les émotions ?

Elles vous donnent des renseignements utiles sur ce que vous vivez : un chien menace de vous mordre ? L'amygdale, une petite glande en forme d'amande située dans le cerveau limbique, envoie des signaux de danger et décharge suffisamment d'hormones dans votre corps pour vous permettre de faire physiquement face à la situation. Mais leur utilité est plus vaste encore : les émotions relaient le « **cerveau pensant** » dans bon nombre de situations. Sans elles, nous serions gravement handicapés dans notre vie. Dans *L'Erreur de Descartes*, Antonio R. Damasio, célèbre neurologue, rapporte que des patients ayant subi certaines lésions cérébrales conservent leur intelligence rationnelle mais ne ressentent plus d'émotions. Les conséquences sont dramatiques : ils ne savent plus ce qu'ils veulent, ne parviennent plus à choisir, ni à se projeter dans l'avenir, ni à maintenir une vie affective et une existence sociale. Les émotions sont donc **consubstantielles** à l'être humain, et il est essentiel d'apprendre à les apprivoiser.

Qu'est-ce que l'épanouissement émotionnel ?

Il n'y a pas d'épanouissement sans **acceptation inconditionnelle de qui sont vos enfants,** c'est-à-dire des êtres de chair, de pensées et d'émotions ; sans réconciliation entre cœur, corps et raison ; sans équilibre entre ce qu'ils reçoivent du monde, des autres (énergie entrante) et ce qu'ils restituent (énergie sortante). Pour s'épanouir, il leur sera donc nécessaire d'apprendre et d'intégrer progressivement les grands principes suivants.

Quels sont les grands principes de l'épanouissement émotionnel ?

Tout épanouissement est lié au développement de la vie : son sens est celui de l'expansion de la personnalité (sens naturel) par opposition à sa répression (à contre-courant). La croissance harmonieuse de vos enfants s'effectue donc par la canalisation de l'énergie émotive et sa pleine intégration. Concrètement, il s'agit pour eux d'apprendre à :

- **Accueillir chaque émotion** (« Je l'accepte car elle parle de ma vie, mon environnement, mon entourage et de moi. »).
- **En différer ou non la réponse** (« Ai-je intérêt à réagir immédiatement ou à attendre ? »).
- **En décoder les messages** (« Que me dit-elle qui soit utile pour moi ? »).
- **Réinvestir leur énergie vers le but choisi** (« Son énergie me porte à agir dans mon véritable intérêt. »).
- **S'élancer vers l'existence** (« Je connais mes besoins, mes limites, je sais mobiliser mes ressources pour vivre pleinement. »).

Cependant, cette définition doit être modulée avec l'âge. Quand votre bébé pleure, il manifeste un besoin (il a faim, par exemple) et en demande tout simplement la satisfaction. De même, votre petit garçon de 3 ans qui se roule par terre aura plus du mal à décoder le message de sa colère sans votre médiation. Même si les aires sensorielles sont prêtes dès la prime enfance, le cerveau limbique ne sera vraiment mûr qu'à la puberté et le néocortex (avec les lobes frontaux, siège de la maîtrise des émotions, de la compréhension et des réactions appropriées) n'arrivera pas à maturation avant 16 ou 18 ans (ainsi que le montre Daniel Goleman dans *L'Intelligence émotionnelle*). **L'épanouissement émotionnel de votre enfant dépendra donc de votre capacité à accompagner ses émotions,** à chaque âge comme dans chaque situation, grâce à votre expérience et aux outils que nous mettons à votre disposition, mais aussi de votre capacité à être toujours plus clairs avec vous-même, voire émotionnellement épanouis. Car c'est possible !

À quoi reconnaît-on un enfant épanoui ?

Tous les enfants sont différents et obéissent à un code émotionnel bien particulier, en partie édifié par leurs expériences personnelles, définissant pour chacun une **tendance à l'introversion** (l'énergie reste en soi) ou **à l'extraversion** (l'énergie sort de soi). Ils suivront donc un cheminement émotif très personnel et leur épanouissement sera intimement lié à leur caractère. Certains devront relever **le défi de « ressentir »** puisque leur « cerveau pensant » tient les commandes ; d'autres apprendront **à « maîtriser » leur impulsivité** puisque leur « cerveau émotionnel » multiplie les coups d'éclat, etc. Néanmoins, quelques caractéristiques communes se dégagent :

- un enfant émotionnellement épanoui est **heureux de vivre, spontané** ;
- **il réagit à l'événement,** il veut apprendre et apprend facilement ;
- **il répète les expériences** qui lui procurent du plaisir et évite les autres ;
- **il a confiance en lui** ;
- **il exprime ses besoins** et défend son intégrité personnelle ;
- **il désire de plus en plus d'autonomie** et apprend à décider tout seul ;
- **il va vers les autres** et se protège si ceux-ci sont malveillants à son égard, etc.

Bref, il sait relever les défis de la vie, va de l'avant et jouit d'une grande fluidité émotionnelle.

Qu'est-ce que l'intelligence émotionnelle ?

Pour vivre libres et heureux, **vos enfants ont besoin de développer leur intelligence émotionnelle,** c'est-à-dire leur capacité à utiliser positivement leurs émotions, à en faire des alliées, à en réinvestir l'énergie de façon à mener la vie qu'ils souhaitent.

Intelligence émotionnelle et intelligence rationnelle

On oppose encore trop facilement intelligence émotionnelle et intelligence rationnelle. **Leur complémentarité les rend pourtant indissociables.** Grâce à l'intelligence rationnelle, vos enfants prendront du recul par rapport à une expérience et en décoderont le sens. Inversement, grâce à l'intelligence émotionnelle, vos enfants saisiront des informations à la fois intuitives et indispensables, auxquelles ils n'auraient pas eu accès avec leur seule intelligence rationnelle.

Les facettes de l'intelligence émotionnelle

L'intelligence émotionnelle se décline sur 3 versants :

- **Soi** (intelligence de soi).
- **Les autres** (intelligence de l'autre et de la relation).
- **Le groupe** (intelligence collective).

L'intelligence émotionnelle n'est ni plus ni moins que l'intelligence de la vie.

Nous avons choisi de nous centrer ici sur le développement de l'intelligence de soi chez les enfants (connaissance, conscience et maîtrise de soi, relation de soi à soi-même, fluidité émotionnelle, élan vers le monde], tout en accordant une part prioritaire au développement des compétences relationnelles des parents. C'est avant tout grâce à la qualité d'être des parents, à la sécurité affective qu'ils génèrent, à leur fluidité émotionnelle comme à la résonance dont ils sauront accompagner les émotions infantiles et plus tard juvéniles, que l'épanouissement émotionnel de leurs enfants sera possible. Alors, et seulement à cette condition, l'éducation à l'émotion sera vraiment utile.

L'éducation à l'émotion est-elle une nécessité ?

L'éducation à l'émotion est indispensable compte tenu de l'influence incontestable des émotions sur la santé, tant psychique que physique [elles peuvent avoir des conséquences psychosomatiques : angines à répétition, abcès, maux de ventre, etc.] de vos enfants, mais aussi sur leur capacité à apprendre [en situation de stress, l'enfant n'apprend plus], à établir des relations vivantes, à choisir leur vie [si la peur ou la colère les dirige, ils n'ont plus aucun libre arbitre]. Elle pose aussi les fondements de la **« bien-traitance » éducative**, notion qui sera développée tout au long de cet ouvrage.

Comment éduquer vos enfants à l'émotion ?

Le programme de base est vraiment accessible à tous !

1. Montrez-leur le « bon » exemple, vous êtes leurs premiers modèles émotionnels : ressentez vos émotions, exprimez-les et donnez des réponses adéquates.

2. Manifestez-leur de l'empathie : accueillez leurs émotions avec votre cœur.

3. Expliquez-leur le fonctionnement du cerveau : cerveau « pensant » et cerveau « émotionnel ».

4. Présentez-leur plusieurs façons de vivre leurs émotions : en parlant, en créant, en différant l'expression, etc.

5. Responsabilisez-les : « Tu es responsable de tes ressentis et de tes comportements » (modulez bien évidemment avec l'âge !).

6. Faites taire les vieilles barbes (« Il est peureux ! ») et distinguez leurs émotions de ce qu'ils sont : « Tu n'es pas tes émotions ! », « Avoir peur ne signifie pas être peureux ! ».

7. Développez leurs compétences à identifier les émotions, à en décoder le message, à agir en conséquence.

Adaptez ce programme à leur âge. Faites baisser vos exigences en termes de maîtrise de soi (« Tu te maîtrises ou je te claque ! » à 4 ans) ou de conscience de soi (« Non, mais regardez-le ! Il fait déjà des caprices ! »... à 6 mois !). Souvenez-vous aussi que vos enfants sont tous inégaux devant les émotions : votre cadet nage au quotidien en plein bain émotionnel (« Il met une bonne heure à calmer sa colère ») alors que son frère aîné, au même âge, ne s'effrayait jamais de rien et ne passait pas plus de 5 minutes en état de colère. Quant à l'impact *in utero* des émotions maternelles sur le futur équilibre émotionnel de l'enfant, même s'il fait encore l'objet de disputation scientifique, l'expérience de vie amène chaque jour les preuves de son importance.

Vous savez aujourd'hui qu'il est possible de changer vos habitudes mentales et vos comportements, et ceux de vos enfants aussi, à condition de le faire intelligemment, c'est-à-dire en préservant votre équilibre et celui de votre entourage. La limite étant chaque fois celle du bon sens, de la bienveillance et surtout de la libre volonté de votre enfant. Enfin, et ce sera le message le plus important de ce livre, votre attitude bienveillante au quotidien sera la plus efficace des médecines préventives.

Quelle est l'importance de votre propre histoire ?

Cette « éducation émotionnelle » sera sans effet durable si vous ne savez pas vous-mêmes comment accueillir les émotions de vos enfants. Sans grand impact non plus si vous vous positionnez systématiquement en « saint-bernard » ou en « cœur de pierre ». Vous l'aurez compris, l'épanouissement émotionnel de vos enfants tient aussi à :

- **Votre histoire.**
- **Votre qualité d'être.**
- **Votre positionnement.**

La raison est toute simple : le cerveau de vos enfants n'arrive à maturité qu'à l'âge de 18 ans. Entre-temps, ils ont vraiment besoin de vous. Et une éducation « idyllique », sécurisante et tolérante, apportant des repères et prodiguant de l'affection, ne suffira pas à leur épanouissement si vous vous révélez incapables, du fait de votre propre histoire, d'entrer en résonance avec leurs émotions et leurs sentiments les plus profonds. En effet, depuis que vous êtes tout petits, vous accumulez des expériences à partir desquelles vous établissez vos propres critères de valeurs et de croyances. Tant que vous n'avez pas harmonisé l'ensemble, en interrogeant vos représentations, en **colmatant vos blessures d'enfant,** en mettant un point final à vos vieilles histoires, en devenant toujours plus réceptifs à vous-mêmes, l'énergie émotive risque de rester bloquée ou de déclencher une réponse inappropriée. Bref, c'est en vivant dans la cohérence que vous les aiderez. Êtes-vous prêts à leur faire ce cadeau ?

Peut-être vous faudra-t-il écorner votre image de « parent idéal ». En matière d'épanouissement, plus encore que dans d'autres domaines, vous ne pouvez faire l'économie d'interroger vos représentations, votre façon de réagir aux émotions notamment. Les recettes et mille autres conseils éducatifs n'ont guère d'utilité si vous n'éprouvez aucune curiosité pour vos propres traits de caractère. Votre image de « bon parent » sera-t-elle éraflée ? Peu importe, finalement, si le bonheur de vos enfants en dépend ! Vous vous étiez figés dans une représentation du parent « idéal » ? Vos prises de conscience définissent de nouveaux critères que vous adopterez vers une éducation toujours plus humaine, généreuse et structurante.

Quels sont les outils du « parent-coach » ?

L'objet de ce livre est de vous donner des repères pour favoriser le plein épanouissement de vos enfants en fonction de leur propre personnalité. Pour cela, nous vous proposons une démarche originale : le coaching, et ses outils. Tout en conservant bien sûr votre place de parent, vous pourrez parfois intégrer, s'il vous convient et si la situation l'exige, le modèle du parent-coach.

Qu'est-ce qu'un parent-coach ?

L'association de ces deux mots peut surprendre. Pourtant, elle signifie simplement que, pour créer les conditions propices à l'épanouissement de son enfant, un parent peut :

- utiliser certains outils du coaching ;
- **adopter temporairement la position du coach,** c'est-à-dire celle de « catalyseur de réussite », et non d'acteur agissant en lieu et place de son enfant.

« Parent-coach » et non « coach de son enfant »

Enfin, et c'est toute la nuance que nous apportons, **le parent ne sera jamais le coach de son enfant,** il en sera seulement le parent-coach. Son affectivité (il aime son enfant), son manque de neutralité (il appartient au même système familial) comme ses connaissances insuffisantes en psychologie ou le travail personnel en chantier qu'il mène sur lui-même l'empêchent d'œuvrer comme un véritable professionnel. Et c'est très bien ainsi !

Les outils que nous vous proposons dans ce guide sont issus de la PNL (programmation neuro-linguistique) et de l'AT (analyse transactionnelle), ou ont été spécifiquement créés pour le coaching juvénile. Ils seront repérables à l'aide de trois pictogrammes différents :

- Info Coach , Parent Test , Outil Jeune 

Info Coach 

Cet outil est destiné à vous permettre **d'acquérir des connaissances en psycho-pédagogie,** afin de comprendre votre propre fonctionnement et celui de votre enfant. Pour la clarté du propos, et dans le cadre de cet ouvrage, les informations ont bien sûr été simplifiées. Elles sont empruntées pour l'essentiel à la psychologie humaniste, parfois à d'autres approches. Dans chaque cas, considérez-les comme des « hypothèses » car il serait malhonnête de vous laisser penser qu'il s'agit de vérités. Interrogez ces modèles, exercez votre sens critique et choisissez de les accepter, de les rejeter ou bien de les garder pour plus tard.

Parent Test 

Une des premières tâches du parent-coach consiste **à s'accepter lui-même, avec ses forces et ses faiblesses.** Il pourra ainsi à son tour accepter son enfant, avec son potentiel et ses limites, qu'il réussisse ou qu'il échoue. Pour permettre aux parents de regarder leurs zones d'ombre et de lumière et d'agir en connaissance de cause, des questions leur sont posées. Le parent doit vivre lui aussi une dynamique de changement, expérimenter le processus de coaching, définir ses propres repères et renforcer son identité parentale.

Outil Jeune 

Cet outil sera proposé à l'enfant/au jeune par le parent-coach, avec quelques préalables :

- **veillez avant tout à établir la relation avec votre enfant ;**
- **attendez qu'il vous demande de l'aide,** qu'il prenne conscience de ses difficultés, qu'il ait vraiment envie de résoudre ses problèmes ;
- **expliquez avec simplicité son fonctionnement** et demandez-lui ce qu'il en pense ;
- **écoutez respectueusement sa réponse,** et tenez-en compte ;
- **enfin, choisissez un moment de calme** où vous prendrez avec votre enfant un temps rien que pour lui.

Nous spécifierons chaque fois l'âge à partir duquel l'outil présente un intérêt. Néanmoins, et particulièrement avec les émotions, **gardez en mémoire que chaque enfant est différent :** tel sera ravi d'utiliser cet outil à 5 ans tandis que son frère ou sa sœur n'en voudront jamais. Par ailleurs, quand vous rencontrez une difficulté, demandez-vous d'abord ce qui peut venir de la relation que vous avez avec votre enfant : **peut-être lui imposez-vous déjà trop**

de choses ? Peut-être n'a-t-il pas envie de vous voir pénétrer dans une sphère trop privée ?

Dans certains cas, votre participation active sera exigée. Cela implique que vous ayez au préalable assimilé la démarche, et que vous sachiez lui expliquer en quoi cet outil pourrait l'aider tout de suite, et même toute sa vie. Certains outils nous ont semblé indispensables pour résoudre des problèmes bien spécifiques, nous sommes conscients qu'ils sont plus difficiles d'accès. Nous avons donc établi trois niveaux :

* Très facile

** Facile

*** Difficile, mais... indispensable

L'outil est accompagné de son mode d'emploi :

- **quand,** dans quelles circonstances, l'utiliser,
- **pourquoi,** dans quel but,
- **comment,** de quelle manière,
- **à quel âge**.

Transcrivez ces outils avec vos propres mots : il ne s'agit pas d'exercices académiques, mais seulement de techniques susceptibles de faciliter la résolution des difficultés. Présentez-les simplement, car ils sont pour la plupart tirés de l'observation de gens qui ont su « intuitivement » résoudre ces mêmes difficultés. N'hésitez pas à les proposer à votre enfant, à les tester vous-même, à leur donner un côté ludique. Ne les imposez jamais. Et rappelez-vous toujours que, sans relation authentique entre vous et votre enfant, l'utilisation de l'outil le plus performant aura l'effet d'un cautère sur une jambe de bois.

Première partie

ASSUREZ LA SÉCURITÉ AFFECTIVE DE VOTRE ENFANT

Se précipiter sur les 2 ou 3 recettes à succès pour « fabriquer » des enfants épanouis serait magique ! Mais la réalité vous rappelle la nécessité d'une éducation consciente et « sur mesure ». Comment assurer à vos enfants une sécurité affective toujours plus grande ? Comment limiter l'inhibition et la répression émotionnelles ? Comment faire de la « bientraitance » une réalité du quotidien, et non une déclaration de principe ? Quelques repères vous permettront de frayer votre propre voie éducative.

1

Les attitudes qui nuisent à l'épanouissement de votre enfant

LES ABUS QUI PORTENT PRÉJUDICE À VOTRE ENFANT

Tout être humain qui détecte un danger (réel ou fantasmé) consacre une énergie considérable à se défendre ou à se protéger. Pendant ce temps, il ne s'épanouit pas et forme des complexes qui conditionneront sa vie. De l'éducation maltraitante aux petites offenses du quotidien en passant par les attitudes toxiques, vous allez découvrir un très large panel d'abus. Ils portent un préjudice considérable à la personnalité des enfants (« sujets » à part entière) et sont à éviter. Si l'on se souvient que **l'amygdale** (petite zone du cerveau en forme d'amande) est le siège des souvenirs affectifs et que son système est quasiment mûr à la naissance, on imagine l'empreinte que laisseront les traumatismes de la toute petite enfance, la maltraitance psychologique ou l'ignorance.

L'insécurité affective

L'insécurité affective est cet état où l'adulte référent, en général le parent, **manque de fiabilité du point de vue de l'enfant.** La relation de confiance ne s'établit pas, même si cet adulte est présent. La peur ressentie par l'enfant engendre sa crispation. Au lieu de grandir en paix, il se contracte, se barricade derrière des armures et n'a plus accès à ses pleines ressources. Il s'ensuit une grande déperdition de potentiel.

Georges, 37 ans : « Enfant, j'étais ravagé par l'anxiété »

« Mon père était un homme juste mais exigeant, terrible en fait. Quand il rentrait à 22 heures, je dormais, et si d'aventure il découvrait un "pâté" sur mon cahier du jour, il me réveillait, me sermonnait : "Tu n'arriveras jamais à rien en bâclant ton travail !" et me faisait réécrire la page incriminée. À 6 heures du matin, ma sœur et moi devions nous lever : il fallait réviser nos leçons. Ce calvaire a duré du CP au Bac. J'étais un enfant pâle et timide, ravagé par l'anxiété, asthmatique. Aujourd'hui un simple stress me déclenche une crise d'asthme... et pourtant je suis devenu un juge d'instruction reconnu et compétent. »

● Georges a grandi auprès d'un père qui ne lui a pas apporté la sécurité nécessaire. Pour se protéger, il a obéi à ses exigences en niant ses propres besoins et ce qu'il ressentait. Comme il n'avait pas le droit de protester, il manifestait sa révolte et son angoisse par des crises d'asthme : il fallait bien qu'il évacue d'une manière ou d'une autre. Victime d'une éducation maltraitante, Georges ne pouvait s'épanouir.

L'éducation maltraitante

L'insécurité affective est le corollaire de toute éducation « maltraitante », c'est-à-dire de tout système éducatif où :

• des actes inadmissibles sont commis (abus sexuels, coups, humiliations, etc) ;

• des abus physiques comme psychologiques sont répétés (dénigrement, insultes, taloches, etc.).

L'abus, unique ou répétitif, saccage les toutes jeunes personnalités, même s'il est vrai que certaines victimes s'en sortent remarquablement (résilience). L'éducation maltraitante n'a bien sûr rien de commun avec nos maladresses parentales. Comment la définir ?

L'éducation maltraitante est celle qui maintient l'enfant en situation de danger psychologique comme physique, et lui refuse le statut de personne à part entière. Le parent n'a pas réglé ses propres frustrations ni ses blessures de l'enfance, et les reporte sur son enfant. Autres exemples d'éducation « maltraitante » : l'intimidation, le contrôle, l'abus systématique, la suspicion, la sévérité excessive, la symbiose maintenue au-delà de la prime enfance, le chantage affectif, la double contrainte (par exemple, « Réussis pour me valoriser », mais « Ne réussis pas sinon tu vas me quitter »), la perversion narcissique. Privés de sécurité affective, les enfants se crispent ou s'étiolent. En effet, on les voit :

- **développer une instabilité émotionnelle,**
- **manifester des comportements agressifs,**
- **nourrir un manque de confiance excessif en eux-mêmes,**
- **adopter une défiance systématique vis-à-vis des autres,**
- **fuir dans une rébellion proche de la délinquance.**

Cette liste n'est malheureusement pas exhaustive, et nombre de dépressions juvéniles, de comportements à risques ou de tentatives de suicide en sont les manifestations les plus graves.

LES ATTITUDES QUI DÉTRUISENT

Chaque parent « émotionnellement alphabétisé » a le devoir de délivrer ce message : « Tu es un enfant de la vie et je t'aime comme une personne à part entière. Tu as le droit de ressentir des émotions et plus encore de les exprimer en respectant les gens autour de toi. » Mais bien des parents « analphabètes » bafouent ce droit fondamental, menaçant de ce fait l'intégrité des plus jeunes.

Les attitudes toxiques

Moins systématiques mais tout aussi cruelles que les éducations maltraitantes, les attitudes toxiques s'expriment par :

- **la négation de l'enfant** : le rejet, le refus de communiquer, l'isolement, la corruption où l'enfant est alors forcé d'adopter des comportements antisociaux, qui ne respectent ni loi ni règle ;
- **les phrases destructrices** : les phrases-poison (« Je t'aime tellement, tu ne peux pas comprendre ! », « C'est pour ton bien ! »), les insultes, les redéfinitions ou interprétations indues (« Tu es nul ! » pour : « Tu n'as pas réussi ton interrogation ») ;
- **les sentiments paradoxaux** (« Je t'aime, mais avec toi j'aurai porté ma croix ! ») ;
- **les menaces physiques et les humiliations** (« Je vais t'en coller une ! », « Tu as encore fait pipi au lit ? Tu me fais honte ! ») ;

- **les réactions imprévisibles** : l'enfant guette chaque signe précurseur d'une colère parentale par exemple, et ne se détend jamais ;
- **les prémices « incestueuses »** : le père qui, à l'adolescence de sa fille, la taquine et lui parle de sa transformation pubertaire ; la mère exigeant de voir si oui ou non son fils a bien des poils sur le pubis.

Note : *Nous appelons **« prémices incestueuses »** les comportements parentaux ne respectant pas les limites sexuelles parent-enfant. Le passage à l'acte en tant que tel (attouchement, pénétration, etc.) n'a pas lieu, l'intégrité physique comme psychologique des plus jeunes n'en est pas moins amputée. Enfants comme adolescents se sentent toujours mal à l'aise dans ce type de situation (gêne, agressivité, timidité, etc.).*

La réaction de l'enfant : une carapace en béton armé

Comment font donc ces enfants « maltraités » pour survivre malgré tout ? Ils s'adaptent en se coupant d'une partie d'eux-mêmes (l'accès au ressenti est refusé), **se forgent une carapace en béton armé** (la libre expression de l'émotion est refusée), construisent un « moi » social acceptable ou vont chercher ailleurs l'adulte fiable qui leur manque (pour les plus chanceux). En résumé, ils se perdent et ne peuvent se trouver vraiment à moins d'effectuer un travail thérapeutique ou de rencontrer un amour salvateur. Néanmoins, perversions exclues, vous n'êtes pas moralement responsables de toutes les inhibitions émotionnelles de vos enfants : ils entretiennent des relations avec bien d'autres personnes que vous et font bon nombre d'expériences tout seuls !

2

Les piliers d'une croissance harmonieuse

Dès les premières secondes de la vie, les parents ont un rôle déterminant à jouer dans l'épanouissement émotionnel de leurs enfants. La douceur d'un papa donnant un biberon à son bébé, la capacité d'une maman à repérer les véritables besoins de son nourrisson (a-t-il faim ou a-t-il sommeil ?) pour les satisfaire et recevoir des sourires en guise de réponse, la place que tous deux, père et mère, savent donner à leurs émotions, favoriseront l'équilibre émotionnel de leur enfant et créeront les conditions propices à son épanouissement.

Les premières années sont-elles les seules à exiger une sécurisation affective de la part des parents ? Non, bien sûr ! Et vous prolongerez vos efforts tout au long de leur vie, notamment en créant une alliance authentique avec eux et en les élevant dans la bienveillance inconditionnelle. Ces deux piliers de la sécurisation affective érigent en système la bientraitance éducative.

INSTAUREZ LES BASES DE L'ÉPANOUISSEMENT

Les plus grandes inhibitions émotionnelles sont liées au fait que votre enfant ne se sent pas :

- **aimé,**
- **accueilli,**
- **accepté,**
- **reconnu,**

pour qui il est vraiment, c'est-à-dire : **un être vivant**. Pour s'épanouir il a besoin de sécurité affective. **Soyez bienveillant sans condition,** renforcez chaque jour votre alliance en vous assurant chaque fois que les signaux d'amour émis sont bien perçus comme tels et vous serez un parent fiable. Nombreux sont les enfants qui pour telle ou telle raison ne se sentent pas aimés alors qu'ils le sont vraiment et se bloquent en réaction. Un malentendu donc qu'il importe de dissiper : **manifestez-leur votre amour** d'une manière qui leur dise à eux : « Je t'aime ! » et non seulement à vous.

Contractez une Alliance Fondamentale avec votre enfant

Vous allez contracter avec vos enfants une Alliance Fondamentale. En substance, elle dit : « Je suis cet adulte fiable et bienveillant qui t'accompagne sur le chemin de la vie. Je fais le vœu de te chérir et d'être présent à tes côtés tant que tu auras besoin de moi. Je respecterai l'engagement que j'ai pris, le jour où tu es né, de te mener à bon port (l'autonomie) quels que soient les remous du voyage, et plus particulièrement de te guider vers l'affirmation de toi-même, le respect de tes valeurs, de tes besoins et la défense de ton intégrité, l'amour et le respect de l'autre, la sérénité et le bonheur. » [Dites-le avec vos mots !] Elle se décline en plusieurs volets :

- **L'engagement matériel** : « Je satisfais à tes besoins » (c'est-à-dire nourriture, toit, chaleur, santé, etc.).
- **L'engagement relationnel** : « Je suis là auprès de toi » (c'est-à-dire je prends le temps de t'écouter, de partager tes activités, etc.).
- **L'engagement éducatif** : « Je te prépare à devenir autonome » (c'est-à-dire : je m'adapte à ton âge, je t'accorde de plus en plus de liberté, je respecte ton pouvoir de décision, je t'apprends à respecter tes besoins, tes limites et les règles, etc.).
- **L'engagement qualitatif** : « J'œuvre chaque jour pour ton épanouissement » (c'est-à-dire : j'agis au plus juste en fonction de ton âge, de ta personnalité, de ton rythme propre, de tes goûts, j'accueille tes élans et les encourage, je t'apprends à tirer un enseignement de ton expérience, à découvrir tes ressources et à les utiliser).
- **L'engagement affectif** : « Je t'aime » (c'est-à-dire : qui que tu sois et quelle que soit ta vie, je t'aimerai – ce qui ne signifie pas que j'accepte n'importe lequel de tes comportements –, je te le montre et je te le dis).

ÉDUQUEZ VOTRE ENFANT DANS LA BIENVEILLANCE

Découvrez les positions de vie

Pour élever vos enfants dans la bienveillance fondamentale, il est non seulement nécessaire de leur éviter tout mauvais traitement, mais aussi de les considérer comme des personnes à part entière, acceptée pour elle-même avec ses qualités et ses défauts. Si vous les accueillez chaque jour en leur disant : « Nous sommes heureux que tu sois là », « Ta place est ici près de nous » (dites-le avec vos mots !), et si vous le prouvez par des gestes et des actes, alors ils sauront que leur existence est reconnue et qu'ils sont importants. **Il ne faut jamais oublier qu'ils sont différents de vous,** qu'ils ont un fonctionnement propre, et que votre responsabilité est de les protéger jusqu'à ce qu'ils soient capables de se protéger eux-mêmes. L'attitude éducative la plus sécurisante est la **position OK +/OK +.**

Les différentes combinaisons de positions de vie

À partir de là, toutes les combinaisons sont possibles :

La position idéale : OK +/OK +

C'est la position éducative la plus adaptée pour favoriser l'épanouissement de vos enfants : « J'accepte mon enfant tel qu'il est. Quand son comportement ne me satisfait pas, j'en discute avec lui, car je l'estime capable de progrès comme je le suis moi-même. » Cette position a le mérite de valoriser votre enfant comme vous-même sans créer de déséquilibre : ni l'un ni l'autre n'est pire ni meilleur. Cette position exclut le mépris, le jugement, la critique destructrice, l'autoritarisme et le laxisme. Quand il vous agace vraiment et que vous êtes prêt à exploser, prenez un temps de pause, et demandez-vous : « Quelles conséquences aura mon attitude sur son épanouissement ? Est-ce que j'œuvre pour son autonomie future ? Est-ce que je lui donne le droit de ressentir et d'exprimer ses émotions ? » Attention : la position OK +/OK + exige que vous soyez la plupart du temps capable de vous mettre à la

INFO COACH
Les positions de vie

Le concept a été conçu par Éric Berne, père fondateur de l'Analyse Transactionnelle. Il postule que le petit enfant, et par conséquent l'adulte, « choisit » en fonction de ce qu'il interprète des événements des positions de vie, c'est-à-dire : des certitudes sur ses rapports de base entre lui et les autres. Ces positions ont un rôle prépondérant : elles déterminent ses comportements et légitiment ses décisions.

1. Je suis OK : *je m'accepte totalement. J'accepte la responsabilité de mes actes. Je sais que je peux faire des erreurs, mais que je peux aussi les réparer. J'ai foi en l'évolution que je suis capable de vivre. Traduire :* ***OK +/***

2. Je ne suis pas OK : *je ne m'estime qu'à certaines conditions (quand je réussis, quand je suis généreux, quand je gagne de l'argent). Ou je ne m'aime pas du tout (je suis nul, je ne mérite pas de vivre, tout est de ma faute, etc.). Traduire :* ***OK –/***

3. Mon enfant est OK : *je l'accepte tel qu'il est et j'ai foi en sa capacité de croissance, mais sans pour autant approuver n'importe lequel de ses comportements. Traduire :* ***/OK +***

4. Mon enfant n'est pas OK : *je l'aime à condition qu'il réussisse (bonnes notes), me donne des satisfactions. Ou même, je le juge incapable d'évolution (stupide, lent, inintéressant, etc.). Traduire :* ***/OK –***

place de votre enfant pour comprendre son point de vue. C'est à cette condition que tout jugement péremptoire peut être exclu.

Vous avez aussi le droit d'exploser... tant que vous respectez l'intégrité de vos enfants. Ils comprendront que l'autre (vous) a le droit de réagir face à leur comportement. Un enseignement primordial pour leur vie hors du microcosme familial !

Une position qui rend l'enfant vulnérable : OK +/OK–

Le parent se trouve « très bien » et n'aime son enfant que s'il récolte de bonnes notes à l'école, s'il est beau et bien sage, etc. Sinon, il le méprise et le rejette. Les conséquences sur son épanouissement sont dramatiques : l'enfant dissimule toute vie intérieure de peur de se sentir vulnérable aux attaques, il n'a pas une grande estime de lui-même, ni confiance en lui.

Eliott, 25 ans : « Comme l'eau sur les plumes d'un canard »

« Mon père imposait tout et je devais refléter, dans chacun de mes gestes, la bonne image qu'il avait de lui-même, celle d'un homme "parfait", "irréprochable" et qui avait su élever un "bon petit garçon". Quand ma mère et lui recevaient, il fallait que je fasse des courbettes du style : "Puis-je prendre votre manteau, chère madame ?" À 15 ans, j'ai refusé son manège. Je cherchais le dialogue, mais il se moquait éperdument de ce que je ressentais. Je me heurtais à un mur. Il me trouvait ridicule et ma colère glissait sur lui comme l'eau sur les plumes d'un canard. »

● Le père d'Eliott n'estimait pas son fils suffisamment important – ou peut-être ignorait-il comment exprimer sa considération – pour lui accorder une oreille attentive. Une chose est sûre : Eliott s'est senti instrumentalisé par son père à des fins de glorification personnelle. Et il en est meurtri à vie.

Une position où l'enfant est roi : OK –/OK +

Le parent nourrit un complexe d'infériorité : « Moi je suis nul, mais mon enfant est génial. » On rencontre souvent cette attitude dans le cas d'un enfant unique ou précoce (« Il est tellement intelligent que je me demande comment j'ai pu le mettre au monde »), mais pas seulement. Les parents des « enfants-rois » adoptent souvent cette position : rien n'est trop beau pour eux et l'expérience de la frustration comme de la limite leur est interdite. De même, les mères dont le mari est jugé « décevant » peuvent-elles investir très fort dans leur fils jugé « merveilleux », et capable de combler les insuffisances du père. Là encore, les problèmes se multiplient. L'« enfant-roi » ne connaît pas de limite et ne respecte ni ses besoins personnels ni lui-même. Il n'a pas de vie propre et son insatisfaction perpétuelle est cause d'exigences constantes. Son anxiété est immense.

Sabine, 34 ans : « Je ne respectais rien ni personne »

« Ma mère avait un complexe d'infériorité immense. Elle était timide et admirait ma force de caractère. Elle me donnait de son steak de peur que je ne mange pas assez de viande, elle parlait de moi comme de la 8e merveille du monde. Je ne devais pas avoir 8 ans que je la méprisais déjà. À l'adolescence, ça a été terrible : je ne respectais rien ni personne. »

● La mère de Sabine finit par être traitée par sa fille comme elle-même se traite : une moins que rien. La jeune fille a donc cherché ailleurs des modèles lui permettant de se construire. Son enfance comme son adolescence ont été perturbées.

Une position dépressive : OK –/OK –

Le parent se trouve nul mais trouve aussi ses enfants nuls (et les autres avec). Il s'agit d'une position dépressive. L'enfant en arrive à manquer cruellement de confiance et d'estime de lui-même, à moins qu'il ne se réfugie dans une attitude de rébellion (alcool, drogue) ou décide de fuir le parent anxiogène.

Améliorez vos positions de vie

La bienveillance inconditionnelle implique que l'enfant comme le parent soient dignes de respect et susceptibles d'évolution : quelles que soient vos maladresses et vos erreurs, vous pouvez les corriger, mobiliser vos ressources ou acquérir celles qui vous manquent.

Le parent sera-t-il toujours dans cette position ? Non, mais il essaiera de la retrouver dès que nécessaire. Par exemple : en corrigeant les exercices de mathématiques « ultra-faciles » de son fils qui, en plus, « n'a pas appris sa leçon », il se dit d'abord : « Vraiment, cet enfant est nul, fainéant, irresponsable ! » Mais il a immédiatement le réflexe de se recentrer : « Quand je dis cela, dans quelle position suis-je ? Dans la position OK +/OK –. Je sais qu'elle est excessivement nocive pour l'épanouissement de mon enfant. Par conséquent, je me reprends et adopte la position plus positive de OK +/OK +, qui me permet d'envisager la situation de façon plus coopérative : "Mon fils est un enfant intelligent, mais qui objectivement n'a rien compris à ses exercices de maths puisqu'il n'a même pas appris sa leçon. Que se passe-t-il réellement ?" Je me rappelle aussi que la bienveillance que je lui manifeste se nourrit de la bienveillance que j'ai à mon égard. » En position OK +/OK +, le parent est susceptible d'accompagner son enfant avec lucidité, efficacité et bienveillance.

SACHEZ CRÉER UNE SAINE RELATION D'INTIMITÉ AVEC VOTRE ENFANT

Alliance et bienveillance sont les antidotes à l'inhibition et à la répression émotionnelles. Elles trouvent leur plénitude d'expression dans la relation d'intimité que sauront créer ensemble parents et enfants.

PARENT TEST
Mes positions de vie

Vérifiez vos positions de vie en remplissant les lignes suivantes : cet outil vous aidera dans l'éducation de vos enfants comme dans la vie de tous les jours [travail, société]. Vos relations s'en trouveront facilitées.
Voici les réponses de Patrick, papa de Laurie [4 ans] et de Simon [8 ans].

À partir de quelle position de vie est-ce que je communique le plus souvent avec mes enfants ?

....

Je suis émerveillé par mes enfants : je les trouve superbes, intelligents. Je dois être en position OK +/OK + la plupart du temps.

Comment est-ce que je réagis quand ils me dérangent [bruits, exigences, caprices] ? Quelle est la position associée ?

....

Je ne supporte pas que Laurie pleurniche pour un rien, par exemple. Il m'arrive de la gronder assez méchamment. Et elle éclate en sanglots. Je dois être en position OK +/OK –. Elle m'horripile vraiment dans ces moments-là ! Avec Simon, j'ai tendance à me montrer agressif quand il a peur, par exemple, de skier sur une piste rouge pleine de bosses, alors qu'il se débrouille bien. Je me tais, mais je me dis : « J'étais vraiment plus téméraire à son âge ! Il ressemble à mon frère. » Pour être honnête, il me déçoit. Là aussi je suis en position OK +/OK –.

À partir de quelle position est-ce que j'encadre leur scolarité [devoirs, notes, bulletins] ?

....

Simon n'a pas besoin d'être encadré dans ses devoirs. Il se débrouille tout seul. Il a une mémoire exceptionnelle, pas comme moi qui ai seulement un BEP (position OK –/OK +). Je le flatte peut-être un peu trop... D'ailleurs, il a tendance à se montrer méprisant envers moi, à la limite de l'arrogance. J'ai décidé de ne plus l'accepter.

Que puis-je faire pour me recentrer ?

Quand je sentirai que je glisse vers le mépris ou que je me dévalorise, je me dirai : « Stop ! » Tout être humain a droit au respect y compris Laurie et toi-même ; chaque enfant a ses rythmes propres, et je ferais mieux d'aider Simon à surmonter sa peur plutôt que de le laisser en plan sur la piste. En ce qui concerne ses résultats scolaires, je le féliciterai en lui disant qu'il ira loin et que j'en suis ravi. Mais je me souviendrai que je n'ai pas eu les conditions de vie qui sont les siennes, pour réussir : quand j'avais son âge, j'ai fait du mieux que je pouvais en fonction des circonstances.

Quelles sont mes prises de conscience ?

Je suis plus ambivalent que ce que j'imaginais avec mes enfants. Je pense qu'ils ne savent pas toujours comment se situer vis-à-vis de moi, et qu'il existe un endroit où nous ne nous rencontrons pas vraiment.

Qu'est-ce que je décide ?

D'en terminer avec cette alternance d'admiration et de mépris pour être plus proche d'eux et de moi-même en me disant par exemple : « Que ressent Laurie quand je lui dis cela ? Est-ce que j'encourage Simon à grandir en confiance ou est-ce que je l'incite à se barricader ? Quel est l'enjeu pour moi dans ce qui se joue avec eux ? Qu'est-ce que je veux réparer de mon enfance ? Quels étaient les adultes qui avaient envers moi une position OK +/OK + ? Quels étaient ceux qui ne l'avaient pas ? »

Qu'est-ce que l'intimité ?

L'intimité est l'une des modalités de la relation que l'on entretient avec une autre personne aussi bien dans le couple qu'entre amis, ou entre parents et enfants. L'intimité ne veut pas nécessairement dire fusion ou identification, mais **confiance et respect.** Nous savons que nous n'avons plus besoin de nous cacher derrière une personnalité de convenance, nous pouvons quitter notre carapace : nous sommes en sécurité affective, sûrs et certains de la bienveillance de l'autre, à qui nous accordons bien évidemment, en retour, une bienveillance sans faille.

L'intimité est-elle possible entre parents et enfants ?

Imposez-vous des limites

Oui, même si vous n'entretenez pas une relation de parité, mais vous devez poser des limites claires et protectrices (« Je ne peux pas leur confier tous mes soucis, ils n'ont pas à entendre tout de ma souffrance ou de mes déboires »). Cette proximité est-elle vraiment souhaitable ? Oui, si elle respecte l'Espace de soi de vos enfants (chapitre 9) et votre positionnement en tant que parent (qui a charge d'âme et non l'inverse). Cette intimité peut s'exprimer comme suit : « Je suis ton parent. Je suis là pour t'aimer et t'aider à grandir. J'ai donc la responsabilité de ta santé, de ton éducation, etc. Mais je ne suis pas ton copain et nous ne sommes pas à égalité. Néanmoins, j'accepte de partager avec toi mes ressentis dans les limites que je juge saines et qui protègent ma vie comme mon intimité. À ton tour de partager avec moi ce que tu ressens si tu estimes que je suis la personne la mieux placée pour t'écouter sans te juger, toutefois je me laisse le droit de te donner mon avis. Le dialogue sera toujours ouvert entre nous, et si je t'ai blessé ou si tu as le sentiment que je ne te comprends pas, dis-le-moi. »

INFO COACH
Ce que permet l'intimité

Vivre dans l'intimité vous permet de :

- *Confier vos peurs sans vous sentir ridicule, et vos enfants pourront faire de même : ils sauront que tout le monde a le droit d'avoir peur et de l'avouer, à n'importe quel âge.*
- *Énoncer vos besoins sans vous sentir vulnérable, et vos enfants exprimeront librement les leurs.*
- *Formuler vos demandes sans vous sentir rejeté si l'autre n'y répond pas, et vos enfants feront l'expérience que parfois on ne s'adresse pas à la bonne personne, celle-ci étant libre de refuser d'accéder à votre demande. Inutile de vous dire que c'est la fin du monde ou d'en ressentir de la honte.*
- *Partager votre ressenti sans vous sentir rejeté ou peu important parce que l'autre n'accepte pas de changer (« Je comprends que pour toi ce soit important de sortir le soir, en même temps je veux que tu saches que j'ai peur qu'il ne t'arrive quelque chose »). Vos enfants établiront clairement cette distinction qu'aimer ne signifie pas tout accepter de l'autre, qu'une relation saine se vit aussi dans le désaccord mais jamais dans le chantage affectif.*
- *Compter sur le soutien infaillible de l'autre, même dans la tourmente.*
- *Accepter de vous tromper sans culpabiliser outre mesure, puis réparer ce qui peut l'être : avec un peu de chance, vos enfants agiront de même et éviteront d'éprouver des regrets éternels.*
- *Échanger librement sur les joies et les frustrations qu'engendre la relation. Dire ce qui va et ne va pas évite bien des rancœurs et encourage chacun à grandir ensemble.*

Construisez l'intimité de votre enfant dans le respect et l'affection

Autorisez-vous à les aimer, et à faire en sorte qu'ils comprennent votre amour. Utilisez leur code affectif : l'un aimera les effusions physiques, l'autre préférera les échanges verbaux. Dites-leur un « Je t'aime » authentique, véritable relais à vos caresses et leur conférant tout leur sens. Vous vous demanderez parfois : « Mais je fais tout pour eux, en fonction d'eux ! Et ils ont encore besoin d'être rassurés sur l'amour que je leur porte ? » Eh bien, oui ! Ils auront toujours besoin d'entendre de votre bouche que vous les aimez ! L'énergie de l'amour ? **Rien n'est plus indispensable à leur épanouissement.**

3

Soyez bienveillant au quotidien

DE PETITES OFFENSES PEUVENT ENGENDRER DE GRANDS DOMMAGES CHEZ VOTRE ENFANT

Qui n'a jamais commis de maladresse éducative ? Même empli d'amour et de bienveillance, vous pouvez faire subir à vos enfants ces « petites » offenses qui les affligent tant. Plusieurs raisons à cela : vous avez perdu contact avec le monde de l'enfance et de l'adolescence, et oublié leur logique propre. Ou bien encore, vous avez vécu ces abus infimes, et les répétez à votre insu.

Quelles sont les petites offenses du quotidien que peut subir votre enfant ?

Il peut s'agir, par exemple :

• de vouloir le laver alors qu'il ne veut plus ;

- de choisir ses vêtements alors qu'il est en mesure de le faire tout seul ;
- de fouiller dans ses affaires alors qu'il a plus de 12 ans ;
- de jeter ses vieux jouets de « bébé » sans lui en parler ;
- de lire sa messagerie ;
- de parler de lui à vos amis et particulièrement de sa vie intime (vous venez de découvrir cinq préservatifs au fond de sa besace).

Comment réparer vos maladresses ?

Toutes ces « offenses » ne sont pas dramatiques en soi si :

- elles ne sont pas répétitives ;
- vous permettez à votre enfant de protester ;
- vous tenez compte de sa parole ou de ses sentiments ;
- vous vous excusez ;
- vous changez de comportement ;
- vous envisagez qu'à l'avenir, il vous signale de lui-même vos propres maladresses.

Quelles sont les embûches du quotidien ?

Le plus difficile pour vous, parents, sera de vivre cette bienveillance au quotidien, particulièrement quand :

- vous êtes épuisés ;
- vous vous êtes contrôlés toute la journée ;
- vous vous débattez avec de graves difficultés personnelles ;
- vos enfants sont déchaînés ;
- ils n'ont pas respecté les règles et leurs engagements ;

- vos besoins [« Je veux du calme »] sont opposés aux leurs [« Occupe-toi de moi ! »] ;
- vous êtes en situation de conflit avec votre enfant ;
- votre enfant est adolescent.

Recentrez-vous chaque fois en OK +/OK + [*cf.* chapitre 2] et demeurez bienveillant dans les situations délicates.

RESPECTER ET FAIRE RESPECTER L'INTÉGRITÉ DE VOTRE ENFANT

Ces « petites offenses » du quotidien sont des abus qui portent atteinte à l'intégrité psychologique et physique de vos enfants. En charge de les doter d'un bagage conséquent, vous respecterez leur intégrité d'une part et leur apprendrez d'autre part à la faire respecter, leur existence durant. Alors vous aurez accompli une belle mission, car nombre de consultations « psy » et de dépressions actuelles s'y rattachent directement. **L'éducation bientraitante est aussi une éducation de la prévention et de l'autonomisation.**

Qu'est-ce que l'intégrité ?

L'intégrité est cet état où une personne se reconnaît comme entière et intacte. Elle a accès à toutes ses ressources et sait les mobiliser en cas de besoin. Elle repère chaque comportement susceptible de l'amputer ou de la blesser au point d'entraîner une fêlure de l'être. Elle réagit et défend sa valeur inaliénable. Est-elle néanmoins « abîmée » [événement, agression, relation malsaine], qu'elle renaît de ses cendres comme le Phénix. Les plus jeunes ont besoin de la médiation des adultes pour maintenir cette intégrité.

Comment satisfaire les besoins et garantir les limites de votre enfant ?

Par conséquent, et dès le plus jeune âge, vous aurez soin :

- d'être à l'écoute de leurs besoins ;
- de les satisfaire ;
- de respecter leurs limites personnelles.

En charge de les mener vers l'autonomie, apprenez-leur à faire respecter leurs besoins et leurs limites. Posez-leur des limites clairement énoncées, respectez les vôtres, faites-les respecter autour de vous : vos petits les intérioriseront. Ils les utiliseront comme support pour renforcer leurs limites intérieures. Autorisez-les aussi à réagir haut et fort à ce qui, non exprimé, pourrait prendre l'allure d'une fêlure de l'être. Alors vous aurez posé un cadre sécurisant et des jalons à leur épanouissement.

Qu'est-ce qu'une limite ?

La limite est cette extrémité au-delà de laquelle vous ne vous sentez plus respecté dans vos droits fondamentaux, votre sécurité, ou vos valeurs. Si les règles définissent ce qui est permis en raison des convenances, de la sécurité, ou seulement de choix éducatifs, les limites que l'on se donne et qu'on donne à l'autre tournent autour du respect de soi et des autres. Quand vous transgressez vos propres limites, vous vous emplissez d'une colère que, tôt ou tard, vous ferez payer aux autres, à vos enfants ou à vous-même si vous ne réagissez pas. Les limites vous protègent (dignité, respect), défendez-les !

Comment reconnaître ses limites ?

Certaines personnes et même des enfants (respectés !) connaissent leurs limites : ils savent « instinctivement » qu'elles sont dépassées. Souvent la colère comme l'agressivité s'impriment dans leur voix ou imprègnent leurs gestes. D'autres assèneront d'une voix ferme : « Je n'accepte pas que... » Pour découvrir vos limites, posez-vous les questions suivantes et apprenez à vos enfants à se les poser :

- « Est-ce que je me respecte quand je fais... ? »
- « Est-ce que je me sens respecté quand on me dit/fait... ? »
- « Qu'est-ce que j'accepte ? »
- « Qu'est-ce que je n'accepte pas ? »
- « Quelles sont les situations récurrentes où je sens de la colère ? » etc.

Plus vos limites seront claires et bien posées, plus votre enfant se sentira en sécurité et pourra vous dire les siennes.

Au chapitre 10, nous détaillerons plus largement la question des besoins que vous apprendrez à distinguer des envies.

Ce qui est important, c'est que vous arriviez à un engagement mutuel entre votre enfant et vous (ou, pour un adolescent, entre lui et lui-même). Attention, pas d'excès : veillez à ce qu'il ne prenne pas le dessus grâce à un habile chantage affectif : « Mes limites et mes besoins ne sont pas respectés ? Eh bien, j'exige que tu les respectes ! » N'acceptez jamais la tyrannie de vos enfants. Vérifiez aussi que la défense de leurs limites soit socialement acceptable (pas de comportement violent, ni d'agressivité verbale). Nous vivons en famille et en société, et sommes donc, nos enfants comme nous-mêmes, des êtres de relation. Tout changement doit tenir compte des conséquences sur l'environnement humain immédiat.

OUTIL JEUNE * *
Mes limites et mes besoins

Quand : *quand votre enfant a le sentiment que ni lui ni ses besoins ne sont respectés.*

Pourquoi : *pour lui permettre de prendre conscience de ses limites et du respect auquel tout être humain a droit, pour lui donner envie de les défendre.*

Comment : *en faisant remplir à l'enfant les différentes rubriques ci-dessous. Le « je » est le sien (et non celui du parent). Si le fait d'écrire semble trop scolaire à votre enfant, vous pouvez aussi lui faire faire des dessins illustrant les situations dans lesquelles il estime que ses limites sont transgressées. Ce qui est essentiel, c'est qu'il ait intégré les notions de besoins et de limites.*

Quel âge : *à partir de 7 ou 8 ans.*

Suivons l'exemple d'Isabelle (8 ans) et de Samy (16 ans).

1. Comment mérite d'être traité un être humain ?

ISABELLE : « Il faut être gentil avec une petite fille. Et même quand les enfants font des bêtises, il ne faut pas les taper. »

SAMY : « Intelligemment. Pas d'insultes, pas de mensonges, pas d'hypocrisie, pas de trahison. »

2. Comment est-ce que je mérite d'être traité ?

ISABELLE : « Je ne veux pas qu'on me donne des surnoms. Je veux que mes parents soient justes avec moi et qu'ils ne favorisent pas ma sœur. Je veux beaucoup de câlins, parce que ça montre qu'ils m'aiment. »

SAMY : « Je veux être respecté par les adultes, surtout par les profs. Et je n'accepte pas qu'on me cache des choses importantes ou qu'on tente de me manipuler. »

3. Quelles sont mes limites ?

Ce que j'accepte :

ISABELLE : « Si je fais une bêtise, c'est normal que mes parents soient fâchés. Mais ils n'ont qu'à le dire, pas besoin de me punir et de me taper. »

SAMY : « Si je ne respecte pas mes engagements, par exemple si je n'ai pas fait mon boulot, je veux bien qu'on me donne du travail supplémentaire. Mais je refuse qu'on me fasse des réflexions débiles, genre : "Tu n'arriveras jamais à rien.". »

Ce que je n'accepte pas :

ISABELLE : « Je ne veux pas qu'on se moque de moi ni qu'on me frappe quand je me mets en colère. »

SAMY : « Qu'on me traite comme un esclave ou qu'on se foute de moi. Et aussi que ma petite amie sorte avec un autre mec. Je la quitterais. »

4. Comment je réagis quand elles sont dépassées ?

ISABELLE : « Quand ils me donnent une fessée, je vais dans ma chambre, je leur dis : "Bye bye, c'est fini entre nous !" Et je leur écris un mot avec ce que je leur reproche. »

SAMY : « Je me mets vraiment en rogne. En général, je fous le camp, et si ce n'est pas possible, je fais la tête. »

5. Quels sont mes besoins (physiques, psychologiques, intellectuels) ?

ISABELLE : « J'ai besoin de courir et de jouer tous les jours, sinon je suis comme une pile électrique. J'ai aussi besoin que tous les jours maman m'emmène à l'école parce que ça me donne de l'amour pour la journée. »

SAMY : « Il faut que je me vide la tête tous les deux jours avec du sport, sinon, j'explose. Il faut aussi que je sois seul, sans mes frères et sœurs dans les pattes, pour écouter tranquillement de la musique. »

6. Comment puis-je satisfaire ceux qui ne sont pas comblés (tout en respectant la vie de la famille) ?

Isabelle : « Il faut que papa m'emmène jouer au square un moment après l'école. Il faut aussi que je leur dise s'ils n'ont pas donné assez de câlins. »

Samy : « Je les comble bien, sauf pour mes frères et sœurs qui viennent dans ma chambre sans mon accord. Je vais demander à papa s'il est OK pour qu'on pose un verrou en hauteur dans ma chambre, qu'on puisse ouvrir des deux côtés. »

7. Quelles sont mes prises de conscience ?

Isabelle : « Que c'est important de dire ses limites aux autres parce que sinon ils ne savent pas qu'ils ne nous respectent pas. Et si je ne défends pas mes limites, eh bien je suis malheureuse et je déteste ceux qui l'ont fait. »

Samy : « Je n'avais pas conscience d'avoir des besoins et des limites. Maintenant, je vais être vigilant et bien les défendre/combler pour éviter les dérapages qui me causent plein de problèmes. »

8. Qu'est-ce que je décide pour l'avenir ?

Isabelle : « De dire aux gens que je ne veux pas être traitée comme ça, que c'est pas bien, et de demander que ça change. Et si, par exemple, c'est la maîtresse, je le dirai à mes parents. »

Samy : « De faire régulièrement le tour de ce qui change pour moi en besoins, limites… je me suis rendu compte que si j'avais répondu à ce questionnaire il y a 2 ans, je n'aurais pas du tout écrit cela. »

Je m'engage à tout mettre en œuvre pour réussir ma vie dans le respect de mes motivations profondes, de ma santé physique et psychique, de la légalité.

Date........

Signature............

QUELQUES SITUATIONS DE LA VIE COURANTE

Tout est toujours si simple en théorie ! Mais à l'épreuve du quotidien, les meilleures volontés fléchissent. Quelques pistes si...

Votre situation...

Vous êtes épuisé(e)

Dites-leur, par exemple : « Je suis vraiment fatigué et je manque de patience ce soir. Peux-tu respecter ma fatigue ? », et vous reposer dès que possible. Pourquoi ne pas remplacer, ce soir et ex-cep-tion-nelle-ment le repas par un sandwich ou une pizza ? Les enfants seront ravis.

Vous êtes « à cran »

Vous vous êtes contrôlé toute la journée et vous n'avez plus de réserves d'énergie ni de sérénité. Informez-les pour éviter de pénibles dérapages : « Je risque de m'énerver facilement. Tu ne seras pas directement la cible de ma colère et ce sera injuste. Je te demande donc de faire attention à mon état et te promets, par ailleurs, de maîtriser mes réactions. » Puis, chaussez vos baskets pour courir même une demi-heure, ou allongez-vous dans votre chambre en écoutant de la musique, et enfin, permettez-leur de regarder (un peu !) la télé.

Vous avez de grosses difficultés personnelles

Parlez-en sans les accabler de détails. Reconnaissez vos émotions : « Oui, c'est vrai, je suis vraiment triste en ce moment... », et évitez de dire : « Je te dis que tout va bien ! » alors que vos yeux sont rougis de larmes. Et surtout, ajoutez : « Je vais m'en sortir, fais-moi confiance ! »

La situation de votre enfant...

Il est déchaîné

Emmenez-le en promenade, faites en sorte qu'il dépense toute son énergie. Ou, au contraire, proposez-lui une activité apaisante : une histoire, un jeu de société.

Il n'a respecté ni les règles ni ses engagements

Appliquez la sanction prévue en l'annonçant avec beaucoup de neutralité comme une conséquence : vous éviterez ainsi de le persécuter ou de l'humilier. Vous pouvez aussi choisir de lui montrer très concrètement l'effet que produit sur un tiers le non-respect des engagements. Faites par exemple la grève du repas, des courses, du repassage, de la machine à laver. Annoncez la couleur à vos enfants : vous êtes leurs parents, et ils doivent vous respecter. Faites-leur part sans vous énerver de votre colère/déception/tristesse, et demandez-leur : « Et toi, qu'est-ce que tu ressens face à ça ? » N'attendez pas forcément de réponse. Vous obtiendrez parfois des excuses auxquelles vous ne vous attendez pas, et éviterez de nourrir d'inutiles conflits.

Les conflits

Vos besoins semblent en concurrence avec les siens

Si vous avez ce sentiment, c'est que vous vous êtes trop oublié vous-même : vous avez vécu sur vos réserves sans vous ressourcer. Établissez la liste de vos besoins primordiaux (lire un livre en deux semaines, jouer au golf un samedi sur trois, bavarder avec votre meilleur(e) ami(e)) et décidez une fois pour toutes de les respecter. Réservez-vous du temps pour vous et votre couple, même si ce n'est pas facile. Enfin, sachez dire : « Stop ! Je n'en peux plus ! J'ai besoin de lire mon magazine. » Passez un petit contrat : « Je fais la sieste pendant une heure, et dès que je me lève, on va voir l'ours au zoo. »

En situation de conflit, attendez que votre colère se calme pour dire ce que vous pensez. Et attention, ne la réprimez pas en « prenant » sur vous : vous exploseriez bien plus fort.

Face à votre enfant adolescent, agressif, ou dont le comportement vous hérisse

Respirez bien à fond, faites part de votre ressenti mais sans exprimer de jugement qui risque de le blesser. Dites par exemple : « Je n'apprécie pas que tu aies un piercing sur la langue, en même temps ton corps t'appartient. En revanche, je te demande de respecter les règles d'hygiène. » Ou bien : « Je constate que tu te montres très agressif envers moi. Je me sens à la fois blessé et démuni face à cette colère haineuse. Tu as sûrement de bonnes raisons, mais pour le moment elles m'échappent. » En fonction de vos valeurs parentales, vous pourrez faire un rappel à l'ordre en évitant tout mépris et tout jugement humiliant.

L'enfance donne une chance unique d'édifier de solides fondations intérieures. En élevant vos enfants dans la sécurité affective, en clarifiant vos relations aux émotions et votre histoire personnelle, vous permettez à vos enfants de s'épanouir dans leurs pleines potentialités et de grandir loin de l'inhibition [« Je n'ai pas conscience de mon émotion »] ou de la répression [« Je contrôle l'expression de mon émotion »]. Ne laissez pas passer cette chance s'il en est encore temps [ils sont tout petits]. Réagissez même s'ils sont déjà grands ou très grands : vous êtes les mieux placés pour réparer vos maladresses ! L'éducation authentiquement « bien traitante » est à la portée de tous, et nombre de parents s'en tirent déjà très bien.

Deuxième partie

APPRENEZ À VOUS CONNAÎTRE

Plus vous verrez clair en vous-même, laissant sur le bas-côté vos vieux complexes émotifs, qu'il s'agisse d'une timidité maladive ou d'une exubérance qui étouffe tout le monde, plus vous inciterez vos enfants à grandir en s'ouvrant au monde, aux autres et à eux-mêmes. Vous n'avez pas forcément besoin d'un thérapeute patenté ni d'un coach pour changer d'attitude, mais, bien sûr, si votre problématique est réellement difficile, n'hésitez pas à consulter un professionnel.

4

Les émotions : un héritage transmis par les parents

Dans l'intérêt de vos enfants, il vous faut acquérir une vraie qualité d'être, une fluidité émotionnelle toujours plus grande. Comment ? En vous allégeant du passé pour agir sur les leviers que sont :

- votre habileté à ressentir,
- vos émotions interdites,
- votre capacité à les exprimer,
- la maîtrise de vos comportements,

et tirer au clair un portrait émotionnel aussi juste que possible de vous-même. Voici quelques pistes de réflexion pour vous aider dans cet effort de clarification.

COMMENT VOS ÉMOTIONS INFLUENCENT-ELLES CELLES DE VOTRE ENFANT ?

Une influence directe et indirecte

L'éducation du ressenti aura un véritable impact sur vos enfants uniquement si vous intégrez l'importance réelle de votre influence sur le développement de leur intelligence émotionnelle. Une **influence indirecte** puisque vous êtes des adultes référents qu'ils prennent pour modèles. Ils adoptent donc, parfois, vos habitudes émotionnelles, intériorisent vos peurs, ou encore mettent en acte vos émotions refoulées. Mais une **influence directe** aussi : leur épanouissement dépend de la qualité d'être que vous leur offrez. En matière d'émotions, l'interaction n'est pas un vain mot, particulièrement dans une relation chargée d'affectivité comme l'est la relation parent-enfant.

Concrètement, comment s'exerce cette influence ? Deux exemples vous permettront de comprendre le processus : un parent fuyant ses propres émotions fuira celles de son enfant. Il ne sera jamais « humainement » présent. L'enfant grandira avec le sentiment d'avoir été négligé. Autre exemple : un parent soucieux d'être « parfait » aura pour son enfant les mêmes exigences. Refusant pour lui-même l'expression émotive, il ne l'acceptera pas plus chez son enfant et requerra de lui une maîtrise permanente. Ce dernier vivra caché derrière une « belle image » de lui-même, suradaptée aux canons parentaux.

Laurine, 38 ans : « Ma sœur est devenue craintive et moi tête brûlée... »

« Quand mes parents se sont séparés, ma mère s'est retrouvée toute seule avec ma sœur et moi dans la maison familiale.

Elle avait peur dans cette maison : dès que nous rentrions de l'école, elle nous barricadait à l'intérieur et elle ne s'endormait pas avant 2 heures du matin. Ma sœur et moi ne nous sentions pas protégées par celle qui aurait dû être pleine de courage. Ma sœur est devenue craintive, et moi, tête brûlée à l'inverse de maman, comme par défi. Quand mes enfants sont nés, j'ai recréé l'attitude de ma mère : j'avais peur de tout, des cambrioleurs, des kidnappeurs, de perdre subitement mes enfants. Bébés, mes enfants étaient agités. La peur, que ma mère n'avait pas su digérer, me collait à la peau. »

● Laurine a intériorisé la peur de sa mère, mais a refusé de la reconnaître en elle. Une fois mère à son tour, cette émotion refoulée est ressortie, ce qui l'empêche d'être sereine vis-à-vis de ses enfants.

QUEL EST VOTRE HÉRITAGE ?

Chaque famille a son propre code émotionnel, chacun de ses membres aussi. Ce code touche tant à la permission (ou non) de ressentir telle ou telle émotion qu'à son mode d'expression. Pour chaque personne, il s'élabore dans l'enfance en interaction avec la famille d'un côté, mais aussi en réponse aux événements de la vie. Laissez la glose aux spécialistes et consacrez-vous à votre évolution personnelle comme à la croissance de vos petits.

Votre personnalité

La personnalité est ce masque qui entretient une illusion entre le monde, les autres et vous-même. On la distingue du Soi véritable. Elle s'est formée en réponse à des événements comme à des relations où l'enfant ne possédait pas le bagage neurologique nécessaire pour relativiser. Les modes de défense ou l'interprétation donnée à l'époque ont figé l'être dans une attitude face aux émotions.

Votre personnalité détermine votre rapport aux émotions.

Votre code émotionnel est en partie lié à vos valeurs et à vos croyances (ces opinions générales assurant la cohérence de votre philosophie personnelle). Vous avez pour valeur « être utile aux autres » ? Soyez sûr que vous aurez développé une aptitude à sentir leurs émotions précisément pour deviner leurs besoins. Pour valeur : « la perfection » ? Vous maîtriserez en permanence vos émotions ! Une perte de contrôle vous rendrait imparfait à vos propres yeux. À partir de là, toutes les combinaisons sont possibles. Voici d'autres attitudes courantes :

- vous redoutez vos propres émotions parce qu'elles vous empêchent de penser ou d'agir et celles des autres vous terrorisent car vous les vivez comme une intrusion ;
- vous fuyez les vôtres comme celles des autres parce que vous avez peur de la souffrance ou de l'enfermement ;
- vous les sollicitez parce qu'elles vous procurent un sentiment d'intensité ;
- vous vous en méfiez aussi parce que vous ignorez si elles sont légitimes dans telle ou telle situation.

Comment les vivez-vous ? En différé (vous avez besoin d'être seul pour les ressentir) ou par anticipation ; elles vous envahissent ou vous les ignorez... Bref : vous avez un code de conduite émotionnel bien personnel sans en posséder forcément la clé d'accès. Pourtant, ses conséquences directes sur l'épanouissement de vos enfants sont immenses, comme l'ont été sur vous la façon dont nos parents vivaient et exprimaient (ou pas) leurs émotions.

Les émotions de vos parents

Si votre mère semblait froide comme un glaçon et si votre père avait toujours la larme à l'œil, vous avez, malgré vous, choisi votre camp. Ou vous avez rejeté le modèle de votre mère ou, au contraire, vous l'avez intériorisé au point qu'il vous colle à la peau.

Luc, 40 ans : « Ma mère n'a jamais eu un geste de tendresse »

« Ma grand-mère maternelle est morte jeune, laissant sa fille, ma mère, dans un milieu paysan, rude, où la tendresse était signe de faiblesse, la tristesse de déséquilibre, mais la colère signe de virilité. Ma mère n'a jamais manifesté aucune émotion et encore moins esquissé de gestes maternels. Aujourd'hui, je m'aperçois que j'ai beaucoup de mal à être tendre avec ma femme et mes enfants qui doivent en souffrir. »

● Luc agit avec sa femme et ses enfants comme sa mère agissait avec lui : Antoine, son petit dernier, en souffre. Du fait de la distance émotionnelle paternelle, il a l'impression de ne pas exister.

Mélanie, 39 ans : « Un cœur de pierre comme ton père »

« Je me suis toujours sentie très proche de ma mère, une femme chaleureuse, et à qui je ressemble beaucoup physiquement. En revanche, je m'entendais moins bien avec mon père, que je trouvais autoritaire, dur, qui n'a jamais eu un geste tendre à mon égard. Aujourd'hui, je suis une mère aimante, et chaleureuse, mais mon mari me trouve froide et distante. Quand mon couple s'est trouvé en péril, ma mère m'a dit : "Tu as un cœur de pierre comme ton père.". »

● Mélanie a tenté de comprendre pourquoi elle offrait à ses enfants ses émotions et pas à son mari : enfant, elle a assimilé sa mère, excessivement soumise, et son empathie à quelque chose de dangereux dans la mesure où son père l'exploitait tout en la méprisant. *A contrario*, ce dernier, raide comme la justice, a été assimilé au modèle fort et protecteur. Inconsciemment, Mélanie a fait son choix pour se sentir en sécurité.

Vos émotions vues par vos parents

Vos parents ont-ils eu, ou pas, une attitude bienveillante à l'égard de vos propres émotions ? Vous ont-ils dit : « Tu es ridicule d'avoir peur ! » ? Alors, pour ne pas les décevoir, vous avez dissimulé vos émotions et souvent pris l'habitude de les substituer à d'autres… « socialement » plus correctes ?

Au fil du temps, vous vous êtes donc construit une identité émotionnelle, suite à des expériences plus ou moins traumatisantes, qui peuvent aller de la mort de votre petit chat que vous avez vécue, enfant, comme une tragédie, et qui reste en filigrane au fond de vous, à des événements beaucoup plus graves. Si après une de ces expériences, la blessure n'a pas été soignée, elle s'infectera : vos enfants n'auront de cesse de la réactiver ou tenteront de la réparer sans avoir les données nécessaires. L'exemple le plus manifeste étant le viol dont la problématique se transmet de mère en fille, mais aussi de mère en fils.

Soyez certain que vos mésaventures jamais exprimées, comme les secrets de famille enfouis, resurgiront d'une façon inattendue chez vos enfants. En parler avec eux dans les limites du raisonnable, entreprendre une démarche qui vous guérira, les libérera eux d'un poids qu'ils n'ont pas à porter.

DRESSEZ VOTRE PORTRAIT ÉMOTIONNEL

PARENT TEST
Dresser mon portrait

Vous sentez-vous prêt à tirer votre portrait émotionnel ? Faire un bilan même provisoire vous permettra de clarifier votre relation aux émotions ; les exemples de Lionel, père de trois enfants, et de Mireille, maman de Noémie, 16 ans, vous y aideront.

Quels sont les événements « émotionnellement » marquants de ma vie ?

....

LIONEL : « Il y en a plusieurs, le plus douloureux étant celui du divorce de mes parents. Ils étaient accaparés par leurs histoires et je me suis senti abandonné. »

MIREILLE : « J'étais au CP et mon institutrice m'a offert un merveilleux chaton. Je me souviens de cette joie immense, mêlée à un sentiment de fierté, lorsque enfin je l'ai tenu dans mes bras pour la première fois. Mais j'ai éprouvé un sentiment de gravité face à ma responsabilité naissante pour ce petit animal : est-ce que je saurais être une "bonne" maîtresse ? »

Quel impact ont-ils sur l'éducation que je donne à mes enfants ?

....

LIONEL : « Je ne supporte pas les conflits. Donc je passe mon temps à anticiper les réactions des uns et des autres. Je veux que nous vivions toujours en harmonie. »

MIREILLE : « Ma relation à Noémie n'est jamais légère même si la joie de la regarder vivre l'emporte en définitive. Je me pose beaucoup de questions sur l'éducation que je lui donne : est-ce que je fais bien ? Est-ce que j'en fais trop ou pas suffisamment ? »

Quelles sont les émotions que je ressens et/ou j'exprime ?

....

Lionel : « La joie, la satisfaction... Je les ressens très fort et les exprime par de grandes effusions. »
Mireille : « La peur. J'ai peur en permanence de ne pas être à la hauteur mais je n'en dis jamais rien. Personne ne sait ce que je ressens au fond de moi. »

Quelles sont les émotions que je refoule ? Quelles sont celles que je n'exprime pas ?

....

Lionel : « Je ne suis jamais en colère, je ne pleure jamais. Si je sens un peu de tristesse, je me dis : "Allez, mon vieux : y'a pire !". »
Mireille : « Je ne suis jamais vraiment joyeuse. L'insouciance est un sentiment que je ne connais pas. De toute façon je n'exprime pas mes émotions. »

Quelle est ma réaction si mon enfant les exprime ? Se sent-il le droit de les ressentir ?

....

Lionel : « Je ne supporte pas la tristesse de mes enfants. Pendant le divorce de mes parents, je devais tout bloquer en moi pour survivre à mon chagrin. Personne n'a entendu ma voix d'enfant brisé. Je ne veux pas que mes enfants vivent ça. Donc je fais tout pour qu'ils ne soient jamais tristes et que la joie de vivre soit la règle dans notre famille. »
Mireille : « Je ne comprends pas la légèreté de Noémie. Je suis furieuse de voir qu'elle ne fait pas attention à elle, avec tout ce qui pourrait lui arriver ! Elle ne se pose aucune question, rien ne fait problème avec elle. »

Avait-on le droit de ressentir et d'exprimer ses émotions dans ma famille d'origine ?

....

Lionel : « On n'en parlait pas. D'ailleurs on ne parlait de rien de personnel chez nous. Il fallait prendre sur soi. »
Mireille : « Je n'en ai pas d'idée exacte. Mon père ne disait rien de lui et exigeait sans cesse que nous nous tenions tranquilles. Avec ma mère, c'était différent, on se sentait assez libres de vivre dans la spontanéité. C'est un peu ce que je lui reproche aujourd'hui : d'avoir été trop légère, du coup je me suis sentie obligée d'être inquiète à sa place. »

Et dans celle que j'ai fondée ?

....

Lionel : « Je me rends compte que nous faisons un peu la même chose, ma femme et moi : on impose à nos enfants d'être joyeux, agréables à vivre. »
Mireille : « J'habite seule avec Noémie. Je me rends compte que je lui interdis de vivre dans la joie et la sérénité. Les seules émotions qui sont autorisées chez nous sont la colère et la peur. La tristesse aussi… mais à condition de ne jamais les exprimer trop haut. »

Quelle place je laisse aux émotions de mon enfant ?

....

Lionel : « Je croyais, en bon papa, leur en laisser beaucoup mais je me rends compte qu'ils n'ont le droit ni d'être tristes ni d'être en colère. »
Mireille : « Je ne laisse pas une grande place à ses émotions dans la mesure où je réagis mal à certaines. En plus, je la critique souvent pour la protéger, et je comprends maintenant qu'elle doit dissimuler toute sa vie intérieure pour échapper à mes remarques. »

Quelles sont mes prises de conscience ?

....

Lionel : « Pour les protéger et surtout leur éviter de connaître la détresse que nous avons vécue, on les empêche de vivre leurs émotions. C'est difficile de se dire qu'on a voulu faire trop bien et qu'au final on n'a pas forcément bien fait. »

Mireille : « Je n'ai pas le droit d'interdire à ma fille de vivre sa vie sous prétexte de mon anxiété. Je crois que c'est une optimiste, comme moi au fond, à cette différence que nous n'avons pas vécu les mêmes événements ! Alors qu'elle en profite ! »

Qu'est-ce que je décide ?

Lionel : « D'en parler avec ma femme, et de ne plus anticiper les réactions des enfants, accepter de les laisser pleurer puisqu'il paraît que les larmes relâchent les tensions et que c'est plus nocif de les ravaler que de les laisser couler. L'inverse de ce que je pensais avant. Pour leurs querelles, ça sera plus dur : je ne supporte vraiment pas les conflits. »

Mireille : « D'aller consulter un thérapeute pour me délivrer de tout cela. Je n'ai pas envie de faire supporter cette tension à ma fille, elle mérite mieux, et moi aussi. »

5

Que disent vraiment vos émotions ?

LES ÉMOTIONS QUI SURGISSENT DU PASSÉ

Un des écueils majeurs à votre fluidité émotionnelle est le suivant : certaines émotions sont en relation avec votre passé, d'autres avec votre présent. Il convient de les repérer (et d'apprendre plus tard à nos enfants à faire de même !) car les « émotions élastiques », celles du passé, sont autant de routes tortueuses.

Les émotions « vraies » et les émotions « élastiques »

Les émotions vous envoient de précieux messages pour votre équilibre physique (survie) et votre bien-être psychologique quand elles font référence à la situation présente. Elles vous protègent du danger. Elles vous invitent à respecter ce qui vous semble important. Elles vous humanisent en vous permettant de vous associer aux émotions d'autrui. Ces émotions, en relation directe avec la situation et votre identité présentes, sont des émotions « vraies », dans le sens d'« authentiques ».

Mais elles peuvent aussi vous renvoyer à une expérience passée, traumatisante ou non, et vous rappeler à votre histoire comme un élastique du destin. Ces émotions dites « élastiques » vous habitent comme des fantômes. Pourquoi ne les avez-vous pas digérées ? Mystère :

• soit l'événement a provoqué en vous un traumatisme du fait de sa violence, et personne ne vous a aidé à le digérer ;

• soit vous ne vous êtes pas senti suffisamment en sécurité pour vivre jusqu'au bout cette émotion, et l'avez proprement refoulée ;

• soit les émotions étaient purement et simplement interdites à la maison, qu'il s'agisse de les ressentir ou de les manifester : il fallait se contrôler, et vous vous êtes plié à la règle.

Attention : ces deux types d'émotions sont réellement ressentis par chacun et leur dénomination ne remet en aucun cas en cause leur légitimité. Il est important de distinguer l'émotion « vraie » de l'émotion « élastique », et d'apprendre à vos enfants à faire de même. Que vous disent ces émotions du passé ? Que vous ne serez pas libre tant que vous n'aurez pas pris le temps de les décortiquer. **Vos relations seront faussées, et vous n'aurez accès ni à la chaleur de l'intimité ni à la réalité présente des événements. Enfin, vous vous priverez de votre pouvoir personnel.**

En portant votre attention sur vos émotions « élastiques », vous vous rapprocherez de ce que vous êtes réellement et établirez avec vos enfants des relations plus justes, centrées sur leurs besoins, sur la situation et moins sur vous-même. Vous serez libre et vos enfants aussi, qui savaient bien, eux, intuitivement que vos réactions, dans certaines circonstances, sonnaient faux.

PARENT TEST
Mes émotions élastiques

Suivons l'exemple de Patrick, père de Stanislas, 14 ans, et Chloé, mère de Jérémie et de Line, 14 et 19 ans.

Quelles sont les situations récurrentes où ma réaction à l'événement est démesurée ?

....

PATRICK : « Quand mon fils dissimule ses mauvaises notes. Je suis fou de rage et ça dure deux jours. Je suis incapable de lui parler. »

CHLOÉ : « Si Jérémie a 10 minutes de retard en revenant de l'école, je panique. J'imagine le pire. Ou bien quand Line se moque de mes goûts "ringards", je m'effondre complètement. »

En quoi me rappellent-elles une histoire ancienne ?

....

PATRICK : « Ma première petite amie ne cessait de me mentir et de me prendre pour un imbécile. Elle m'a quitté pour mon meilleur copain. »

CHLOÉ : « Un jour, j'ai laissé Jérémie tout seul dans la cuisine et il s'est brûlé avec le fer à repasser. Je m'en veux encore de ce manque de surveillance et aujourd'hui, je me dis que s'il lui arrive malheur, ce sera encore de ma faute. Pour Line, les choses sont différentes. Elle ressemble beaucoup à ma mère qui me faisait toujours des remarques désobligeantes. Je n'étais jamais comme il fallait être. »

Quel est le message à tirer de cette expérience passée ?

....

PATRICK : « Je l'avais sûrement mal choisie. Comme je suis très fusionnel, je ne lui laissais aucune indépendance. Donc, pour se sentir libre, elle mentait. Elle avait peur de mes réactions aussi. Je suis soupe au lait. »

CHLOÉ : « Avec Jérémie, je n'ai pas eu de chance, je ne pouvais pas prévoir qu'il allait grimper sur la planche à repasser pour atteindre le fer. Si je me sens encore coupable aujourd'hui, c'est que ma mère m'a toujours dit que j'étais une incapable, dangereuse pour les autres. Pourtant, Line n'est pas ma mère, et je dois apprendre aujourd'hui à répondre à ses critiques injustement blessantes. »

Quelles seront alors l'intensité et la réaction appropriées à la situation ?

....

PATRICK : « De confronter mon fils sur le fait qu'il trahit ma confiance d'une part et d'avoir le courage d'en parler avec lui. Mais j'ai tellement peur de ce que je peux dire quand je suis en colère, que c'est dur pour moi. »

CHLOÉ : « Pour Jérémie, je dois absolument lui autoriser une heure de battement entre son dernier cours et son retour à la maison. Si c'est trop difficile pour moi, j'irai faire des courses dans le quartier. Avec Line, je vais poser des limites et lui interdire ses railleries désobligeantes. »

Quelles sont mes prises de conscience ?

....

PATRICK : « Le fait que je sois soupe au lait incite mon fils à me cacher des choses. Je pense qu'il a vraiment peur de mes réactions. Ce n'est pas un menteur, c'est un ado qui n'a pas confiance en son père d'un certain côté. Il doit avoir peur de me décevoir aussi. »

CHLOÉ : « Jérémie doit en avoir assez de cette mère poule que je suis et Line doit se sentir vraiment déstabilisée par mon attitude de serpillière. Peut-elle aimer une mère qui se laisse mépriser sans rien dire ? »

Qu'est-ce que je décide ?

PATRICK : « D'établir clairement les règles avec lui et de l'assurer de ma bienveillance : je ne hurlerai pas face à une mauvaise note. Mais qu'il me la montre tout de suite. »

CHLOÉ : « De m'expliquer avec ma mère qui a gâché mon enfance... ou peut-être d'entreprendre une thérapie. »

CHAQUE ÉMOTION PEUT EN CACHER UNE AUTRE

Les émotions « racket »

Face à un danger, vous avez peur. Soit vous fuyez pour vous mettre à l'abri, soit vous agressez... l'agresseur. Face à un événement heureux, vous vous sentez joyeux. Face à la perte d'un être cher, vous vous sentez triste, etc. Mais dans bien des cas, l'émotion authentique est interdite et vous lui substituez une émotion autorisée qui vous apporte (ou plutôt vous apportait dans votre enfance) des avantages.

Qu'est-ce qu'une émotion « racket » ?

Une émotion racket est une émotion de substitution : alors même que vous devriez, selon toute logique, ressentir telle ou telle émotion, vous en ressentez ou en exprimez une autre. Généralement, cette émotion vous est très familière. Elle vous pousse à donner une réponse décalée puisqu'elle traduit une réalité autre. Vous avez eu très peur lorsque votre fils n'était toujours pas rentré à 4 heures du matin ? Quand il est arrivé, vous avez explosé de colère au lieu de lui dire combien vous vous sentiez soulagé, quitte à le sanctionner plus tard.

Comment émerge-t-elle ?

• Soit cette émotion était interdite dans votre famille : la peur, par exemple, que sous peine de passer pour un lâche vous allez remplacer par de la colère.

• Soit cette émotion était l'apanage de votre père à qui vous ne voulez surtout pas ressembler : il se mettait en colère pour un rien. Il vous a terrorisé ? Jamais vous n'éprouverez de la colère, vous préférerez ressentir de la tristesse, l'émotion à l'opposé de votre père.

• Soit c'est votre mère que vous avez prise pour modèle, elle qui ne se sentait jamais triste, et la joie de vivre continuera de vous habiter même dans les moments difficiles.

• Mais peut-être n'avez-vous jamais osé manifester cette émotion devant vos parents : et s'ils avaient eu de la peine ? S'ils s'étaient sentis responsables de votre chagrin ? Si vous les aviez déçus ?

• Parfois, c'est la société qui initie la répression : telle ou telle émotion n'est pas avouable : « La jalousie ? Quel vilain défaut ! »

Les bénéfices secondaires des émotions « racket »

L'émotion « racket » perdure dans votre vie parce que qu'elle vous procure des avantages plus ou moins conscients que l'on appelle des bénéfices secondaires. Pourtant, ils sont à double tranchant. Outre le fait qu'ils vous séparent de vous-même, ils deviennent peu à peu constitutifs de votre personnalité : ne dit-on pas de vous que vous êtes « timide » ? Effectivement tout vous fait peur et surtout les conflits ! Si vous abandonnez votre identité de « timide », vous serez obligé d'être « vrai », donc de vous mettre parfois en colère et de faire face à la colère d'autrui.

PARENT TEST
Mes émotions « racket »

Pour vous aider à identifier vos propres émotions « racket », lisez les réponses de Léah, maman de jumelles, et de Luc, papa de Valentin.

Quelles sont les émotions que je ressens le plus fréquemment ?

....

LÉAH : « La colère. D'ailleurs je suis facilement agressive avec mes filles comme avec les gens en général. »
LUC : « La joie de vivre. Je suis perpétuellement gai, même quand j'ai une tuile. »

Quelles sont celles que je ne m'autorise pas à ressentir ?

....

LÉAH : « En y réfléchissant bien, la tristesse et la peur. »
LUC : « Presque toutes, sauf la joie de vivre. Être triste, malheureux, dépressif, ça n'est pas une vie. »

Quelles sont celles que j'exprime le plus souvent ou qui définissent presque mon caractère ?

....

LÉAH : « La colère, peut-être. On dit que j'ai une forte personnalité, que rien ne m'impressionne et que je ne me laisse pas faire. »
LUC : « La gaieté, toujours, on me décrit comme un "boute-en-train", un "joyeux drille". »

Quand et comment avez-vous appris à ne pas ressentir ou ne pas exprimer certaines émotions ?

....

LÉAH : « La tristesse, c'est pour les dépressifs comme ma tante qui a gâché sa vie et celle de ses proches en se plaignant constamment. La peur, c'est pour les lâches, d'ailleurs j'étais la seule à affronter papa dans la famille, même maman en avait peur. On se demande pourquoi : il était doux comme un agneau avec moi. »

LUC : « Je n'en ai aucune idée. Je crois que je n'ai jamais supporté les choses tristes. Il faut dire que mes parents étaient des gens tellement fades et ennuyeux. En fait, je me rends compte que j'éprouve la seule émotion qu'eux-mêmes ne ressentaient jamais. Et je n'éprouve aucune des leurs. »

Quels avantages ai-je à substituer cette émotion réprimée par une autre ? Quel est l'inconvénient ?

....

LÉAH : « L'avantage : on me respecte. L'inconvénient : j'intimide les gens doux et surtout je ne réagis pas de façon appropriée. Par exemple, quand ma mère est tombée malade, j'ai été odieuse avec mes filles. »

LUC : « L'avantage : je vois la vie en rose. Tout va toujours bien, les gens m'adorent. Même mon divorce, je l'ai bien pris. Pourtant, j'aimais ma femme. L'inconvénient : je surfe sur la colère et finalement, les autres en profitent parce que je ne me rebelle jamais. Je prends parfois des risques inutiles, par exemple en ski hors piste. Je ne vois jamais le danger. »

Quel impact cette inhibition émotionnelle a-t-elle sur l'épanouissement de mon enfant ?

....

LÉAH : « Mes deux filles sont plutôt introverties à la maison. Mais à l'extérieur, elles s'animent. »

LUC : « Je crois que nous vivons vraiment dans un joyeux "tout va très bien, Madame la marquise". Mais au fond je ne sais pas vraiment qui sont mes enfants. Je me demande même si je m'apercevrais qu'ils ont des problèmes. En fait, ils ne diraient rien. Ils auraient trop peur de passer pour des trouble-fête. »

Quelles sont mes prises de conscience ?

....

LÉAH : « En ne montrant jamais mes vrais sentiments, je vis éloignée de mes filles. »
LUC : « Je fuis la vie réelle pour éviter de souffrir. Je zappe sur tout ce qui est négatif, si je ne le faisais pas, je crois que je m'effondrerais. Je ne suis jamais vraiment authentique, et même quand je raconte des histoires, je mets en scène mes émotions. Je ne les vis pas pleinement. Mes enfants doivent sentir une sacrée distance entre eux et moi. »

Qu'est-ce que je décide ?

....

LÉAH : « D'accepter d'être plus authentique, tant pis si j'ai le sentiment de ne pas être autant respectée. D'ailleurs le suis-je vraiment ? Que font réellement les gens une fois que j'ai le dos tourné ? »
LUC : « De ralentir mon rythme. De manifester ma colère quand on me marche sur les pieds, par exemple. De tenter de ressentir ce qui est dangereux ou non dans mes loisirs. La tristesse ? Non, là, je ne peux pas encore. Plus tard. »

PAR QUEL MÉCANISME REFOULEZ-VOUS VOS ÉMOTIONS ?

Par quelle dynamique le refoulement des émotions se transforme-t-il en inhibition ? Et surtout, pourquoi ce qui vous arrive affecte-t-il également vos enfants ? Deux mécanismes majeurs sont à l'œuvre :

Mécanisme n° 1 : Le traumatisme crée la carapace

À la suite d'un événement traumatisant (pas nécessairement un drame), si aucun adulte n'était là pour vous aider, enfant, à comprendre et relativiser l'interprétation de l'expérience, votre système de protection s'est transformé en carapace : au traumatisme s'ajoute la peur qu'il ne se reproduise. Et vous avez pris l'habitude de vivre en décalé. Ou bien dans le secret et la distance quand il vous était impossible d'exprimer vos émotions. Un simple événement, émotionnellement marquant et lors duquel l'adulte ne joue pas son rôle de médiateur, peut dégénérer en inhibition.

Monique, 45 ans : « Je prends tout sur moi »

« J'avais à peu près 3 ans, et je me promenais dans le jardin de ma voisine. Je suis tombée sur un pot de fleurs et je l'ai cassé. Ma voisine s'est mise à hurler et m'a donné une gifle. Je me souviens seulement d'avoir paniqué. Quand j'en ai parlé à maman, elle m'a répondu : "Tu n'avais qu'à te tenir tranquille !" sans comprendre que j'avais été victime d'une injustice et qu'en outre j'avais eu très peur qu'elle me fasse mal. À partir de ce moment-là, j'ai commencé à ne plus trop dire ce qui m'arrivait. À 5 ans, j'ai récidivé avec ma maîtresse de maternelle : on devait mettre à cuire nos chefs-d'œuvre en glaise pour les peindre ensuite. J'ai dû trébucher et tout est tombé. La maîtresse m'a envoyée au piquet. J'étais en larmes. Quand ma grand-mère est venue me chercher, son seul commentaire a été : "Tu as de la chance ! Dans le temps, les enfants, on leur tapait sur les doigts avec des règles en fer !" Le soir, chez moi, je n'ai rien dit. J'ai pleuré en silence. Aujourd'hui encore, je prends tout sur moi. »

Mécanisme n° 2 : Quand la rencontre n'a pas lieu

Vos inhibitions ont souvent une origine bien banale : elles sont tout simplement liées à deux éducations différentes, celle d'un parent et d'un enfant, deux consciences qui se côtoient, mais ne se rencontrent jamais et se leurrent en croyant que l'une « roule » au même carburant que l'autre. Les émotions devraient être vécues et partagées au quotidien ; le plus sûr moyen étant d'ailleurs de permettre à vos enfants de dire ce qu'ils sentent (et vous reprochent) comme de leur faire part de vos besoins.

Sophie, 32 ans : « Mes besoins n'étaient jamais prioritaires »

« Je me suis toujours sacrifiée pour les autres, essayant de deviner leurs besoins et de les satisfaire immédiatement. Tout le monde est content dans la famille, sauf moi. Je fais d'ailleurs des crises d'eczéma de plus en plus fréquentes. J'ai décidé de comprendre pourquoi. En fait, j'ai réalisé que mes parents n'étaient pas très "câlins" ni démonstratifs dans leur amour. Ma mère, en particulier, m'a élevée pour que je devienne très tôt autonome. Et je me sentais négligée : mes besoins n'étaient jamais prioritaires par rapport à ceux des autres. On m'oubliait même : pourquoi se serait-on occupé de moi puisque j'étais "bonne élève" ? Quant à mon père, j'arrivais toujours à le séduire en lui préparant son café le matin, ou en me montrant gentille et affectueuse. Et j'en ai conclu qu'il fallait être douce et prévenante pour exister. »

● La maman de Sophie vivait dans le retrait émotionnel. Étant peu présente à elle-même, elle ne reconnaissait pas ses propres besoins. De fait, elle ne pouvait ni détecter ni satisfaire ceux de sa fille : Sophie a donc conclu qu'elle recevait des marques de reconnaissance uniquement lorsqu'elle obtenait de bonnes notes ou qu'elle se montrait attentive, notamment à son papa. Sophie en a interprété qu'elle devait « faire plaisir » et « se rendre utile » pour se faire aimer. Elle a développé une immense faculté à ressentir les émotions des autres et à oublier les siennes.

QUEL EST L'ANTIDOTE ?

Permettre à vos enfants d'exprimer ce qu'ils ressentent sera donc la règle d'or pour qu'ait lieu la rencontre authentique, ouvrant la porte sur l'intimité nourricière. Voici un petit exemple de frustration pour un enfant :

Capucine, 7 ans, court comme une petite folle dans l'appartement. En chaussettes, elle glisse sur le plancher, renverse une lampe en porcelaine de Chine et la casse. Sa mère excédée accourt : « Tu ne peux pas faire attention, non ? File dans ta chambre te calmer ! » et elle lui donne une tape sur les fesses. La petite fille obtempère, temporairement, puis revient très en colère au bout de quelques minutes. En désignant son genou (un peu) irrité par la chute, elle s'adresse à sa mère : « Tu vois, tu me disputes et tu t'es mise en colère à cause de la lampe alors que ce n'est qu'un objet. Mais moi je me suis blessée, et tu ne m'as même pas soignée alors que je suis un être humain. Eh bien, tu as oublié qu'un être humain, c'est beaucoup plus important qu'un objet. »

Attention ! Tous les enfants n'auront pas les réflexes de Capucine pour dénoncer ce qui dans sa relation avec sa maman ne lui convient pas. À vous donc, parents, de veiller à ce que la rencontre authentique ait lieu.

6
Vers l'épanouissement émotionnel

COMMENT ÉVITER LES BLOCAGES ÉMOTIONNELS ?

Vos complexes émotifs comme les pièges relationnels dans lesquels vous tombez pèsent sur le potentiel de vos enfants : les données sont faussées, et la rencontre authentique ne se fait pas. Aucun d'entre vous ne comprend ce que l'autre ressent vraiment. Des réactions en chaîne se produisent, enkystant chacun dans ses prisons intérieures. Voici quelques incidences majeures à vos complexes émotifs (la boucle de réactivité induisant que les leurs renforcent aussi les vôtres, un propos dépassant le cadre de ce livre).

• **Si vous refoulez vos émotions** (par exemple, la colère), vos enfants vous interpelleront précisément à ce niveau (en multipliant les crises de rage ou en ne s'autorisant à leur tour jamais d'exprimer leur colère).

• **Si vous ne ressentez rien ou presque,** ils mettront de l'énergie à vous faire « réagir », dirigeant leurs comportements en ce sens au lieu de s'occuper de grandir.

• **Si vous laissez libre cours à une émotivité débridée, si vous réagissez sans prendre de recul,** vos enfants se sentiront perdus. Ils se fermeront pour se protéger ou vous prendront pour modèle, mais manqueront de repères.

• **Si vous n'exprimez jamais votre ressenti ouvertement et les laissez « deviner » ce que vous pensez,** non seulement vous serez pour eux une énigme jamais résolue, mais ils se lanceront dans des interprétations erronées, se construisant une réalité intérieure sans grand rapport avec ce que vous vivez. Préoccupés par cette quête de la vérité, ils se couperont de leur propre ressenti.

• **Si vous exprimez vos émotions façon « brut de décoffrage »,** sans en mesurer l'impact sur vos enfants, qui ne sont pas prêts à tout entendre ou à tout voir, le risque est grand d'alimenter chez eux peur, colère et tristesse. Gagez que dans un tel climat, ils n'exprimeront rien ouvertement et se méfieront de vos réactions en étant aux aguets (« Elle va comment aujourd'hui, maman ? ») ou en établissant un mur transparent entre eux et vous (« Je ne supporte plus que papa me déverse dessus son anxiété permanente, alors je me coupe de lui »).

• **Si vous réagissez violemment à leurs émotions ou, au contraire, si vous n'en tenez jamais compte,** ils finiront par ne plus rien exprimer d'eux-mêmes. Ils s'inventeront des mondes imaginaires, persuadés de n'intéresser personne ou d'être incompris.

Ces attitudes de retrait émotionnel vous ont été nécessaires à un moment donné. Elles vous ont protégé quand vous ne vous êtes pas senti suffisamment aimé, respecté, compris ou en sécurité. Pourtant, l'adulte d'aujourd'hui dispose de ressources auxquelles l'enfant que vous étiez n'avait pas accès. Quittez donc sans hésiter vos prisons intérieures, ou donnez-vous les moyens de le faire. Tout le monde, et surtout vos enfants, sera gagnant.

QUELLES SONT VOS RÉACTIONS FACE AUX ÉMOTIONS DE VOTRE ENFANT ?

Comment vivez-vous les émotions de votre enfant ?

La façon dont vous réagissez face aux émotions de vos enfants aura une incidence directe sur leur éventuelle répression émotionnelle. Soit vous :

- ne les voyez pas (ce serait trop perturbant pour vous),
- les voyez, mais les ignorez (elles vous remettent en cause),
- sur-réagissez (elles vous dérangent),
- en profitez pour déverser votre propre trop-plein émotionnel,
- vous « prenez » tout sur vous pour éclater plus tard, et trop fort.

Pour en sortir, posez-vous chaque fois ces questions et répondez-y avec une sincérité maximale : « Quel est l'enjeu pour moi, ici et maintenant ? En quoi ma réaction en dit long sur mon histoire personnelle (plus que sur mon enfant !) ? »

Quels sont les pièges à éviter ?

Même en étant des parents « suffisamment bons » (Winnicott), vous pouvez tomber dans les pièges plombant toute relation, et particulièrement la relation parents-enfants. Intuitivement, vos enfants savent que vous ne réagissez pas en fonction de qui ils

INFO COACH
Pourquoi la mécanique s'enraye ?

Il peut y avoir trois « bonnes » raisons à cela :

- ***Le déplacement***

Le déplacement est le mécanisme par lequel une personne est la cible d'une émotion, généralement la colère, alors même qu'elle n'en est pas le motif. Par exemple : vous avez supporté des clients pénibles toute la journée. Rentré chez vous, vous avez envie de vous consoler en terminant la glace de la veille : trop tard, les chenapans sont passés avant vous ! Vous tempêtez, criez plus que de raison. Votre colère ne leur est pas destinée : ils « prennent » à la place des clients.

- ***La collection de timbres***

Vous n'exprimez jamais vos émotions et collectionnez les frustrations sans mot dire. Un jour, bien sûr, vous explosez et videz le trop-plein. Le lendemain, loin de modifier vos plans, vous recommencez votre « collection ». Par exemple : votre fille vous emprunte systématiquement vos affaires alors que vous le lui avez interdit. Vous laissez faire, une fois, deux fois, etc. Jusqu'au jour où vous vous emportez violemment en lui jetant tout à la figure. Et le lendemain tout est oublié : elle peut recommencer !

- ***Le déni***

Vous ne voyez pas ce qui se passe autour de vous. Si vous regardiez vraiment, vous seriez obligé d'apporter des solutions, ce qui ne vous arrange pas nécessairement. Par exemple : vous rentrez chez vous, ainsi que votre conjoint, tous les soirs à 21 heures, et votre fils ne vous voit plus. Quand son professeur vous dit : « François ne va pas bien ! », vous répondez : « Mais si ! Il n'a aucune raison d'aller mal. Il obtient de très bonnes notes ! » Pourquoi ne voulez-vous pas comprendre ? Parce que vous devriez vous dégager de quelques projets pour lui accorder du temps. Et vous n'êtes toujours pas prêt.

sont et de ce que devrait être votre rôle, à savoir combler le besoin qui se cache derrière leur émotion. Ils réagissent en retour, et tout se fausse pour le pire. Ce type d'interaction va à l'encontre de la fluidité émotionnelle, la vôtre comme la leur. Elle nuit à votre relation d'intimité avec eux.

Comment prendre conscience du ressenti de votre enfant ?

Une seule solution à ces « travers-relations » comme à ces « blocages-émotions » : accédez à votre ressenti et ouvrez-vous ! Nous suivrons l'exemple de Jean, enseignant, père de trois enfants, et de Claire, une femme d'affaires dynamique, mère de deux enfants, certainement aimante mais ne manifestant aucun « état d'âme ». Elle pense notamment que ses deux enfants doivent lui obéir et se débrouiller tout seuls dans les grandes lignes. Elle qualifie Benjamin, son fils de 8 ans, de « têtu », de « bourrique ». En effet, l'enfant s'oppose systématiquement à sa mère, il se met en colère, ce qu'elle ne tolère pas. Découragée, elle désinvestit chaque jour l'éducation de son fils pour surinvestir sa relation avec sa fille, Jeanne. Les crises de Benjamin redoublent d'intensité : plus sa mère s'éloigne, plus il cherche à retenir son attention.

PARENT TEST
Face aux émotions de mes enfants

1. Suis-je capable de repérer les émotions de mon enfant ?

Claire : « Franchement non ! Je n'y prête pas vraiment attention non plus. Mais quand Benjamin hurle, je suis obligée d'admettre qu'il est en colère. »
Jean : « Je crois que oui. Nos enfants nous font facilement part de ce qui se passe dans leur vie. Et puis, je suis très sensible aux émotions des autres en général. D'ailleurs, ça me pose pas mal de problèmes parce que je ne sais jamais si ce que je ressens m'appartient ou appartient à mes enfants. »

2. Quel est mon ressenti face à :
Claire : « Sa colère ? Je panique. Je ne sais plus comment le maîtriser. Sa peur ? Il n'en a pas. Sa tristesse ? Il est toujours en colère. Sa joie ? Il n'y a que son papa qui en profite. »
Jean : « Leur colère ? Je tente de les calmer. Je me sens aussi mal qu'eux. Leur peur ? Je les rassure. Leur tristesse ? Je ne supporte pas qu'ils soient tristes. Je suis capable d'inventer n'importe quoi pour les distraire. Leur joie ? Je jubile avec eux. »

3. Quelle est alors ma réaction ?

Claire : « Je perds complètement les pédales face à ses caprices. Je hurle de plus belle, et maintenant je me désintéresse de lui. Je ne supporte plus ces crises. »
Jean : « Nous vivons en plein bain émotionnel. Je me rends compte que je ne maîtrise pas grand-chose. »

4. Qu'en résulte-t-il ?

Claire : « Nous sommes dans un cercle vicieux. Benjamin est malheureux, ses notes sont catastrophiques et j'ai de moins en moins envie de rentrer à la maison. Sauf quand je suis seule avec Jeanne, qui est adorable. »
Jean : « Je ne suis pas forcément une aide pour eux quand ils ont peur ou sont en colère. Au lieu d'accueillir leurs émotions, je me laisse entraîner dans leurs affects ou bien je me démène pour les en sortir. Dans tous les cas, ils ne les vivent pas pleinement. »

5. Quelles sont mes prises de conscience ?

....

Claire : « Les colères de Benjamin ne sont pas normales puisqu'il n'a cette attitude qu'avec moi. Quand son papa le prend avec lui, je n'entends que des compliments. Mais mon ex-mari est plus souple que moi. D'ailleurs, il obtient plus. Au fond, je suis un peu jalouse de leur relation. Si ça se trouve, Benjamin est un petit garçon comme les autres, et n'ose peut-être pas se montrer tel qu'il est avec moi. »
Jean : « Je vais prendre du recul par rapport à tout ça et m'entraîner à ne pas me laisser capter par leurs émotions peut-être grâce à l'outil : « écran de cinéma » (voir p. 178), ou à vivre ces expériences-là à partir de la position de dissociée (voir p. 188 – vous découvrirez ces outils plus loin). Peut-être aussi en regardant ce qui fait que je ne supporte pas leur souffrance, je n'ai vraiment pas eu une enfance heureuse. »

6. Qu'est-ce que je décide ?

....

Claire : « D'aller au zoo seule avec lui ce week-end pour lui dire que je l'aime, et que j'aimerais qu'il me dise ce qu'il vit, mais un peu plus calmement. Lui avouer que pour moi, ses crises de rage sont vraiment difficiles à vivre. »

Jean : « Je vais leur dire que j'ai l'intention de changer parce que, je comprends que même si ce n'est pas catastrophique, je ne les aide pas à s'épanouir vraiment. »

ACCUEILLEZ VOS PROPRES ÉMOTIONS

Rencontrez l'enfant que vous étiez

Vous acquerrez une fluidité émotionnelle toujours plus grande en allant à la rencontre de l'enfant blessé qui est en vous, celui qui a gardé tout au fond de lui ses émotions non vécues, ses peurs et ses colères. En le faisant grandir mentalement, vous retrouverez votre joie intérieure, parfois si profondément ensevelie, et cette logique propre à l'enfance, puis à l'adolescence, dans le but de toujours mieux comprendre votre enfant.

Cette logique qui vous déconcerte si souvent : « Papa m'a envoyé balader hier = il ne m'aime pas = personne ne m'a jamais aimé = je suis seul au monde = ma vie est horrible » (Karim, 8 ans) ou bien : « Maman a refusé que je parte à Paris pour le week-end à cause de mes notes = de toute façon, elle ne comprend rien à rien = elle ne m'a jamais comprise = elle ne comprend jamais personne » (Amélie, 15 ans), vous aussi l'aviez au même âge. Vous aviez ce type de raisonnement, c'est-à-dire que vous faisiez des équivalences pas toujours logiques et souvent peu conformes à ce qui se passait réellement.

Cultivez votre présence à vous-même, aux autres et au monde

Le programme est à la fois simple et plaisant. Il s'agit de retrouver vos sensations physiques, de vivre avec vos sens, de profiter du

PARENT TEST
Rencontrez l'enfant que vous étiez

- ***Quand :*** *une de vos blessures ne se referme pas et vous handicape, vous avez refoulé trop de peurs, de colères qui ressortent sous forme d'émotions « élastiques » (voir p. 66) ; votre passé vous hante. Enfant, vous n'avez pas pu dire tout ce que vous aviez sur le cœur, en particulier à vos parents.*
- ***Pourquoi :*** *pour donner mentalement vos ressources d'adulte à l'enfant à qui elles manquaient à l'époque, vider définitivement votre sac.*
- ***Comment :*** *réfléchir à « l'Écologie du changement » : toutes les parties de votre moi sont-elles d'accord ? Votre équilibre et celui de votre entourage sont-ils respectés ?*

Suivons l'exemple de Paule, 43 ans, qui se met dans des états effroyables sitôt que ses enfants sont loin d'elle.

1. J'identifie une émotion élastique et la situation dans laquelle elle apparaît.

....

Paule : « Je suis décomposée chaque fois que mes enfants vont en week-end chez leur père. »

2. Je prends un temps pour moi, allongé(e) sur le sol en me relaxant. Je repense à la dernière fois où j'ai ressenti cette émotion élastique.

....

Paule : « La dernière fois c'était avant-hier quand j'ai vu la voiture de mon ex-mari disparaître dans la nuit. L'angoisse m'a saisie. D'un coup je me sentais vide. »

3. Je laisse vaquer mon esprit jusqu'à ce qu'il retrouve la scène initiale qui, dans mon enfance, m'a marqué(e).

PAULE : « J'ai retrouvé plusieurs scènes, et notamment celle où je veux danser avec mon papa pendant un mariage. Je m'élance vers lui, mais il me repousse car il s'est dégoté une cavalière sûrement plus intéressante que moi. Toute la soirée, je l'attends pitoyablement sur un banc. Il y a d'autres fois aussi, où il me laisse en plan. Je crois qu'il ne m'a jamais aimée ! »

4. La scène initiale est présente à mon esprit.

PAULE : « Pour le mariage, j'avais seulement besoin qu'il me consacre un peu de temps, qu'il me dise combien j'étais belle dans ma robe… qu'il me témoigne tout son amour. Ensuite, j'aurais eu besoin que quelqu'un me console, j'étais tellement triste. Plus tard, quand il nous a abandonnées, maman et moi, j'ai ressenti une énorme colère à son égard. Mais je me suis interdit de lui dire quoi que ce soit. »

5. Mentalement, je parle à cet enfant que j'étais et lui donne en tant qu'adulte les ressources dont il avait besoin.

PAULE : « Petite Paule, je comprends ta tristesse, et je te donne aujourd'hui tout mon amour. Tu as même le courage de dire à ton papa : "Ce n'est pas bien de ne pas s'intéresser à sa petite fille, ça la rend malheureuse et en colère !". »

6. Une fois que mon enfant intérieur a eu accès à la ressource manquante, il réinterprète la scène avec sa nouvelle ressource.

PAULE : « Je comprends que mon père était bien jeune et que sa cavalière lui plaisait beaucoup. Il n'a pas compris ce que je vivais et moi, je n'ai pas osé le lui dire. »

7. Mon enfant intérieur grandit. Je revis mentalement différentes scènes en prenant le temps de m'imprégner de mes nouvelles réactions. Quel est mon ressenti ? Qu'est-ce qui a changé ?

PAULE : « Je me vois grandir dans les différentes grandes occasions de ma vie. La colère haineuse que j'avais à son encontre, surtout à l'adolescence, se transforme en une immense tendresse. Je lui pardonne, peut-être m'aimait-il plus que je ne le pense. Moi, en tout cas, je l'aime encore aujourd'hui. »

8. Mentalement, je m'imagine vivre des situations similaires dans le futur avec ce nouvel état interne ainsi que les comportements associés.

PAULE : « Je me sens plus ouverte et plus confiante pour accepter le départ de mes enfants maintenant que je me suis réconciliée intérieurement avec mon père. Je n'interprète plus la séparation comme un manque d'amour. »

plaisir d'être avec vos proches, de vous relaxer, de vous demander régulièrement : « Qu'est-ce que je ressens là, ici et maintenant ? Quelles sont mes priorités ? Quels sont mes besoins ? Quelles sont mes envies ? Suis-je en train de vivre la vie que j'ai choisie ? » En étant en contact avec vos sensations, vous connaîtrez vos besoins et serez plus sensible à ceux de vos enfants comme à leurs émotions.

Ouvrez votre cœur

Quand vos failles sont comblées, quand les fêlures de votre être sont réparées, alors vous pouvez vous ouvrir à vos enfants et les aimer. Eux-mêmes s'ouvriront en retour, vos émotions et les leurs s'influençant les unes les autres. Là aussi, le programme est assez simple : suspendez vos jugements, refusez les critiques, et dites-vous : « C'est en aimant que je serai aimé (e). »

Gwendoline, 43 ans : « De papier mâché, il devient lumière »
« Quand je rentre stressée du travail, je sens mon fils Nicolas qui se crispe. Son visage ressemble à une sculpture de papier mâché. Souvent, il m'est arrivé de me montrer désagréable, de lui faire payer en quelque sorte ce que j'avais vécu pendant la journée en petites violences. Aujourd'hui, quand je sens arriver les reproches, et que mon cœur se ferme, je lui souris en me recentrant complètement sur lui. Mes yeux lui disent combien il est important pour moi. Lui, de son côté, il irradie. De papier mâché, il devient lumière. »

● Gwendoline a compris qu'en accueillant pleinement son enfant et ses émotions, elle œuvrait pour son épanouissement.

Troisième partie

DEVENEZ DES PARENTS CATALYSEURS DE VIE !

Pour permettre à vos enfants de vivre pleinement leurs états internes, vous vous positionnerez en parent « catalyseur de vie ». De quoi s'agit-il exactement ? Entre autres, de leur laisser la place de grandir et de soutenir l'édification de leur personnalité afin qu'aucun « complexe émotif » ne les fragilise au premier coup de vent. Centrez-vous moins sur vous-même ou sur ce qu'il est « bon de faire », recentrez-vous sur vos enfants sans vous perdre, et vous y parviendrez facilement. Alors vous favoriserez l'expansion vitale de vos enfants, déclencherez les réactions propices à leur épanouissement et les rendrez toujours plus acteurs de leur propre vie.

7

Centrez-vous sur vos émotions !

Le centrage du parent est une priorité pour l'épanouissement des enfants. Les mécaniques suivantes présentent toutes un défaut de positionnement du parent, centré « trop » sur lui (vous-même) ou « trop » sur l'autre (votre enfant). Imaginez une plante avec un tuteur planté « trop près », des agrafes « trop serrées » « coupant » la sève ; ou bien avec un tuteur planté « pas droit » la faisant pousser de « travers » ; et enfin : trop « loin » avec des attaches si déliées qu'elle végète à terre ! Vous aurez alors une image révélatrice de ce qui se passe.

LA DYNAMIQUE NARCISSIQUE

Qu'est-ce que la dynamique narcissique ?

Des enfants-miroirs

Vos enfants vous renvoient à vous-même et vous réfléchissent comme des miroirs ? Attention ! Vous risquez de lier directement votre valeur personnelle [« Je suis quelqu'un de bien », « Je suis un bon parent »] à leurs comportements [« Jérémie a de mauvaises notes à l'école donc je suis nul », « Claudine ne sort jamais en boîte de nuit, c'est donc une fille bien ! Et moi, je suis une bonne mère qui a parfaitement réussi son éducation »] en niant entièrement qui ils sont. Vous leur imposez alors de se conformer à une belle image, celle qu'arbitrairement vous avez définie, vous rassure et cautionne votre valeur : le « bon petit garçon bien sage et bien poli », par exemple.

Quand l'image se déforme

Quand votre enfant vous renvoie cette image, tout va bien. Quand il s'en révèle incapable en revanche [exigences parentales vraiment trop élevées, personnalité bien affirmée de l'enfant ou période du « non ! », phase de rébellion adolescente], les conflits apparaissent [« Je ne te supporte plus ! », « Qu'il est nul ce môme ! », « Je me demande comment j'ai pu faire un gamin pareil »], en général précédés de rejets affectifs [« Je refuse que mon enfant n'incarne pas ce "bon petit garçon bien sage et bien poli", je me sens tellement remis en cause que je le rejette »].

Si la manifestation de la colère, par exemple, est perçue positivement par le parent d'un petit garçon qu'il souhaite « fort et tonique », elle sera encouragée à outrance : « Il a du caractère ! Il tient tête à tout le monde ! » Au contraire, un autre parent considérera que ces crises de rage brisent l'image du petit garçon bien sage à laquelle il tient tant, il manifestera son mépris [« Tu es ridicule à hurler ainsi ! »] ou l'obligera à changer de comportement [« Tu vas te maîtriser, oui ou non ! »].

Quelles conséquences pour votre enfant ?

Une attitude préjudiciable

Cette attitude est vraiment préjudiciable parce que les besoins véritables de votre enfant ne sont pas pris en compte. Son émotion authentique est purement ignorée au profit de l'image que vous lui imposez. Car votre enfant, bien souvent, voulant plaire et se faire aimer de ses parents, se conformera à vos exigences et « oubliera » qui il est vraiment : un être de chair, d'os, d'idées, d'envies, de désirs et de besoins. Un être vivant, tout simplement.

Deux réactions opposées

Deux possibilités s'offrent alors à lui :

• Soit l'enfant obéit aux injonctions parentales par peur de perdre l'amour de son parent. Il décide, consciemment ou non, de ne plus « ressentir » sa colère (dans le cas du petit garçon), et encore moins de l'exprimer.

• Soit il l'amplifie. Pourquoi ? Parce que son parent la lui interdit et qu'il est mû par une pulsion rebelle ou bien parce que, bien que terrorisé à l'idée de déplaire, il adopte le comportement interdit (réponse contre-phobique) : il se met en colère déclenchant la foudre de son parent narcissique. Quel soulagement ! Il n'y a plus rien à craindre : le désamour tant redouté s'est produit.

Werther, 40 ans : « Elle devenait de plus en plus maladroite »

« Ma fille Carole n'a jamais fait d'étincelles à l'école, contrairement à moi qui suis un universitaire reconnu. En outre, elle n'était ni belle ni gracieuse. Elle n'avait rien pour elle et j'en avais honte. J'enviais les parents de sa meilleure amie : quelle chance ils avaient d'avoir une gamine aussi jolie que brillante ! Carole devinait ma honte et se montrait de plus en

plus maladroite et timide. Elle échouait systématiquement en tout, comme si elle le faisait exprès. Plus je la trouvais nulle, plus elle l'était. »

● Carole sentait que son père avait honte d'elle, en souffrait, mais se conformait à ce qu'il pensait d'elle. Pour s'y opposer et renverser la vapeur, il lui aurait fallu une sacrée dose de vitalité, une force surhumaine, qui n'est pas à la portée de tous ! Alors, Carole s'est comportée comme la plupart des enfants dans ce cas : elle a renforcé sa « nullité ».

Que faire ?

• Gardez bien en tête que votre valeur personnelle ne sera jamais liée à celle de votre enfant car vous avez chacun votre vie et votre propre valeur. Il n'est ni votre miroir ni votre prolongement. Il ne doit pas subir les conséquences d'une estime de vous-même défaillante ni d'un manque de confiance personnelle.

• Pour progresser, interrogez votre estime. Comment pouvez-vous l'augmenter sans utiliser l'image positive que votre enfant vous renvoie ? Quelles sont les conséquences de votre narcissisme sur son épanouissement ? Êtes-vous vraiment certain de lui laisser le droit de ressentir et d'exprimer ses émotions ?

LE PIÈGE DE L'ÉGOCENTRISME

« Moi je, moi je »

Bien des parents ne quittent jamais le « moi je ». Certains le disent ouvertement (« Moi, Vincent, il chausse du 35 ! ») ou prennent physiquement toute la place. Chez d'autres, l'égocentrisme apparaît sous forme de jugements, de critiques (« Tu as tort », sous-entendu : « Je n'examine même pas les raisons qui te poussent à agir ainsi »), d'avalanches de conseils (« À ta place, je lui dirais clairement ce que je pense » alors que l'on n'est pas à la place de l'autre), de rigidité éthique (« Les gens bien ne mentent jamais », sous-entendu : « Ce que je pense est valable pour tous, toujours et en tout lieu »), même si, en apparence, la place est laissée à l'autre.

L'égocentrisme d'un parent condamne bien souvent au silence : sûr de ne pas être entendu, son enfant se tait (mutisme, inhibition émotive, désinvestissement), établit une barrière relationnelle avec lui ou acquiesce par-devant mais développe par-derrière des comportements signifiants (mensonges, comportement oppositionnel – « De toute façon, je n'en ferai qu'à ma tête », consommation de psychotropes, troubles du comportement alimentaire, etc.).

Samira, 35 ans : « Il devrait trouver tout seul les solutions à ses problèmes »

« J'avais entendu dire que parler avec ses enfants, c'était ce qu'il y avait de mieux, mais je ne m'y suis pas forcément pris de la bonne façon. Quand ils revenaient de l'école, ils me racontaient leur journée. Je les abreuvais de conseils, persuadée de mieux les armer pour la vie et d'être vraiment attentive à leurs problèmes. Un jour, j'ai rencontré le professeur principal de Marwan (12 ans) parce qu'il avait des difficultés d'intégration en classe. Il n'investissait pas son travail scolaire et s'isolait des autres. Son professeur a ajouté qu'il était aussi facilement déstabilisé par des questions et qu'il attendait toujours la réponse d'un adulte. Je lui ai expliqué à mon tour comment je me comportais avec lui, et nous

avons convenu que je ne lui donnerais désormais des conseils qu'en cas de nécessité. Il devrait trouver lui-même les solutions à ses problèmes. Marwan a été perturbé au début par ce changement, mais je le lui ai expliqué, il s'y est mis et devient chaque jour plus autonome. Progressivement, je m'étais retirée de la scène. »

- Marwan, envahi par les sollicitations de sa mère, sûr de ne pas être réellement entendu, attendait d'être totalement pris en charge.

Que faire ?

Il faut apprendre qu'il y a plusieurs façons de vivre ses rapports avec ses enfants.

Vous êtes centré sur vous-même

Voir ses enfants uniquement de son point de vue et rester centré sur ses propres critères. Par exemple : « D'accord, tu as eu une journée difficile à l'école, mais on passe à table tout de suite car je dois sortir ce soir ! », sous-entendu : « Peu m'importe au fond ce que tu as vécu. »

Vous êtes centré sur le point de vue de votre enfant

Ne voir que le point de vue de son enfant et rester centré sur ses critères à lui. Par exemple : « Le pauvre petit, il me fait de la peine ! Il a pourtant mis tant de cœur à combattre ! », disons-nous la larme à l'œil face à notre garçonnet qui vient de rater sa ceinture jaune de karaté. Pourtant avec un peu de recul, nous pourrions nous réjouir : il s'agit d'une expérience qui se révélera formatrice si nous lui permettons de la dépasser.

Vous confondez votre point de vue et celui de votre enfant

Ne voir que le point de vue de son enfant, tout en étant persuadé de voir celui de l'autre et de penser comme lui. D'où le besoin de donner de nombreux conseils (« Moi, à ta place... », « Tu devrais... », « Tu ferais bien de... », etc.).

Vous différenciez clairement votre point de vue et celui de votre enfant

Être capable de passer de son « monde à soi » au « monde de l'autre » et vice versa, sans se perdre.

Maintenant, vous savez qu'il existe plusieurs positionnements possibles face à la vie. Entraînez-vous à ces différentes façons d'envisager l'existence, les autres et... vos enfants ! Vous verrez que c'est assez ludique, et cela vous évitera de calquer votre « je » sur le leur. Une vraie délivrance pour eux !

LE TRANSFERT

Qu'est-ce qu'un transfert ?

Il s'agit d'une situation dramatique pour les enfants qui en sont victimes – bien entendu tous les transferts ne sont pas aussi lourds de conséquences, et dans une relation thérapeutique, ils sont carrément nécessaires. Qu'en est-il dans le cadre familial et particulièrement dans le sens du parent vers son enfant ?

Le parent transfère sur son enfant sa relation avec une autre personne, parfois son propre parent. Par exemple, les rapports entre un parent et son père ont été difficiles. Il va donc inconsciemment tenter de rejouer cette relation avec son propre enfant, en espérant un meilleur dénouement qui n'aura pas lieu. Très injustement, l'enfant n'aura pas droit à une existence propre, le parent réagissant envers lui comme il réagissait vis-à-vis de son propre père. Le plus terrible étant que le parent n'en ait pas conscience.

Léna, 40 ans : « Ma fille est comme ma mère »

« J'ai eu une mère très autoritaire et je n'ai jamais osé me rebeller. Quand j'ai mis au monde ma fille, Gabrielle, et que je l'ai vue grandir, j'ai constaté avec horreur qu'elle partageait de nombreux traits de caractère avec ma mère. Et notamment qu'elle n'avait aucun sentiment, tout comme elle ! Pendant longtemps je n'ai pas osé me l'avouer. »

● Pourtant, tous les êtres humains ont des sentiments, mais Léna est incapable, du fait de son histoire, de les reconnaître chez sa fille. Gabrielle paiera cher la prétendue ressemblance avec sa grand-mère. Elle développe une immense timidité qui allie inhibition (elle n'a pas de sentiment, lui dit sa maman) et répression (chacune de ses tentatives pour démontrer qu'elle a des sentiments se solde par un rejet : « Tu vois bien que tu es comme elle »). Elle vit décalée d'elle-même, comment grandir autrement !

Claude, 45 ans : « Ma fille est le portrait craché de mon ex-femme ! »

« Le plus difficile après mon divorce a été de ne pas régler mes comptes avec mon ex-femme, via la personne de notre fille, Vanessa, qui lui ressemblait comme deux gouttes d'eau. Je me montrais profondément injuste, voire agressif lorsqu'elle répétait les gestes de sa mère. Afin d'éviter cela, j'avais écrit un tableau comparatif des qualités entre elles pour mieux les distinguer l'une de l'autre : par exemple, Vanessa a des fossettes que sa maman n'a pas ; elle adore le ski, pas sa mère ; elle aime le désordre, sa mère est maniaque... »

Que faire ?

Se poser les questions suivantes :

• À qui ressemble mon enfant (caractère, traits physiques) ?

• Ai-je mal vécu une relation avec la personne à laquelle il ressemble que je pourrais avoir envie de rejouer avec lui ?

• Quelles sont les solutions qui s'offrent à moi pour protéger mon enfant de ce transfert (thérapeute, lettre à la personne concernée, confrontation, etc.) ?

LE DÉNI

Comment s'exprime le déni ?

Pour une raison qui lui appartient, un parent refuse de ressentir telle ou telle émotion : il en nie l'existence. Son enfant va donc se charger de l'exprimer, en règle générale très violemment, en attendant qu'un jour le parent se permette de la ressentir et de l'exprimer lui-même. Léon adore son papa qui se laisse marcher sur les pieds par sa nouvelle épouse sans mot dire. Le jeune garçon va se mettre en colère de plus en plus fort pour – inconsciemment – permettre à son père de sentir la sienne, de trouver les limites qu'il ne pose pas ou tout simplement de rétablir un équilibre.

Que faire ?

• Une fois que vous en êtes devenu conscient, expliquer ce processus à votre enfant afin de le libérer.

• Vous mettre à ressentir et exprimer vous-même vos émotions.

L'ENFANT QUI RÉPARE

Quand l'enfant soutient son parent

Certains enfants sont les charpentes émotionnelles de leurs parents, empêchant une maman à l'enfance maltraitée de s'effondrer complètement, consolant un papa du deuil de la maman, etc. Ils se sentent responsables de la santé psychique de leur parent, et n'osent ni ressentir ni exprimer d'émotions : les conséquences, croient-ils, seraient désastreuses pour ce parent « fragile ». Devenus trop tôt adultes, ces enfants ne sont pas à leur vraie place, et l'enfant en eux ne peut pas grandir. Ils restent pour longtemps avides d'une tendresse qu'ils n'ont pas reçue. À l'adolescence, ils s'interdisent toujours plus d'être eux-mêmes, choisissant d'imploser pour éviter d'exploser. Quel bonheur ce serait pour eux de se donner le droit d'envoyer un grand coup de pied dans la fourmilière ! Mais tout s'effondrerait...

Sébastien, 14 ans : « J'ai consolé maman quand elle pleurait »

« Je sens la souffrance des gens, mais je la sens tellement fort qu'elle me rentre dedans. Elle devient comme la mienne. Alors, je fais tout pour les aider à ne plus souffrir, je sais exactement ce dont ils ont besoin. Quand mes parents ont divorcé, j'étais très malheureux, mais je ne le leur ai pas dit pour les protéger. Je leur ai fait croire que c'était mieux pour tout le monde alors qu'au fond de moi je dépérissais. Je les ai aidés, j'ai consolé maman en train de pleurer. J'ai fait des efforts pour bien travailler en classe, et qu'elle soit heureuse. »

● On a beaucoup demandé à cet enfant, courageux, responsable. Mûr trop tôt ? Personne ne lui a laissé le choix ! Et personne ne l'a tout simplement entendu demander qu'on s'occupe de lui.

Que faire ?

Accepter les faits

Si vous avez conscience de cette situation (divorce difficile, deuil, maladie, dépression, alcoolisme, harcèlement moral), reconnaissez-la et avouez honnêtement votre ressenti. Votre enfant n'est pas dupe, vous aurez beau lui dire : « Tout va bien », il sait que vous avez des problèmes.

Rétablir la confiance

Votre enfant a besoin de sentir que vous allez faire face à la situation. Dites-lui, par exemple : « La situation est difficile pour moi, mais je dispose de toutes les ressources pour y faire face. »

Demander à l'enfant de vivre sa vie d'enfant

« Il m'appartient de gérer les difficultés que peut rencontrer tout adulte, et à toi de vivre ta vie d'enfant. Tu n'es en aucun cas responsable de la situation et ce n'est pas ton rôle de me tirer d'affaire, même si cela part d'un bon sentiment. »

Se montrer inflexible

Et faites preuve de vigilance : veillez à ce qu'il s'en tienne à sa propre vie tout en le remerciant de sa sollicitude.

LA CULPABILISATION

Quand l'enfant protège son parent

À grands renforts de : « Tu es notre joie de vivre à tous », « Quand tu n'es pas là, je suis triste », « Tu es vilain, maman elle est très triste », ou sans rien dire du tout (vous venez de recevoir le bulletin catastrophique d'Antoine, vous êtes effondré pendant trois jours...), vous semez les graines de la culpabilisation. Votre enfant se sentira responsable de vos émotions et s'interdira de ressentir les siennes.

Clémentine, 28 ans : « Je ne me suis jamais donné le droit d'être moi-même »

« J'ai grandi dans l'idée que j'étais responsable du bonheur de ma mère et je suis tombée des nues quand ma psychothérapeute m'a dit : "Mais on n'est responsable du bonheur de personne." Un grand pan de ma vie s'est effondré ce jour-là, avec cette impression terrible que mon enfance m'avait été volée. Ma mère me disait sans cesse : "Tu es mon bonheur sur la terre, mon rayon de soleil. Sans toi ma vie serait un profond marasme." J'aimais tellement maman que je voulais la voir sourire. Alors, j'affichais un sourire permanent. Pas de rage, pas de déprime. Je prenais tout sur moi. Finalement, je ne me suis jamais donné le droit d'être moi-même. Et, bien sûr, j'ai vécu ainsi jusqu'à l'âge adulte, en m'oubliant systématiquement. »

● Clémentine a vécu une grande partie de sa vie en protégeant sa mère au détriment de son propre épanouissement.

Que faire ?

- Rappelez-vous que vous êtes vous-même responsable de votre ressenti, et que votre enfant ne l'est pas du vôtre.
- Persuadez-vous qu'en changeant vos pensées, vous changerez aussi votre façon de voir les choses. Ce n'est pas tant l'absence de votre fille qui vous empêche d'être heureux, mais sa présence qui vous distraie de vos états internes négatifs.

• Apprenez à gérer vos émotions grâce aux techniques que vous proposerez à vos enfants pour se sentir mieux avec les leurs (chapitres 11, 12 et 13).

• Réparez l'enfant meurtri qui est en vous (chapitre 6).

Dans chacun des cas évoqués ci-dessus, le parent n'a pas joué son rôle de « parent catalyseur de vie ». Pour le jouer pleinement, il peut :

• apprendre à se positionner tant par rapport à soi-même que par rapport à l'enfant et à ses besoins ;

• savoir respecter l'espace de son enfant en faisant la part belle à l'émergence de ses émotions.

8

Comprenez les émotions de votre enfant !

ENTREZ EN RÉSONANCE AVEC SES ÉMOTIONS

Qu'est-ce que la résonance émotionnelle ?

Pour devenir des parents « catalyseurs de vie », vous aurez également besoin d'entrer en résonance émotionnelle avec votre enfant. Rien n'est plus simple, mais vous avez parfois oublié le code d'accès. Comme vous n'êtes plus en contact avec vos propres émotions, entrer en résonance avec celles des autres n'est pas chose facile ! Pourtant, résonner émotionnellement avec votre enfant, c'est laisser glisser en vous ses émotions sans vous y perdre, l'accueillir en vous taisant, simplement attentifs à lui et à vous-mêmes, et enfin, lui restituer l'énergie émotive qu'il a bien voulu vous faire partager.

Comment garder la juste mesure ?

Attention, il ne s'agit en aucun cas de se laisser emporter par la contagion émotionnelle ou de rester planté froidement devant lui. L'hypersensibilité, comme l'insensibilité aux émotions de votre enfant, paralyse les forces de l'épanouissement.

L'exemple de Claire [maman « émotionnellement dépendante » et « non séparée » d'André] comme celui de David [papa maladroit et désarmé devant les émotions de sa déconcertante Béatrice] vous permettront de faire un pas vers le recentrage, indispensable pour entrer en résonance avec votre enfant.

Claire, 33 ans : « Il aurait l'impression que je l'abandonne... »

Claire est la maman d'André, 6 ans, dont les résultats scolaires sont épouvantables. André passe par des phases où tout va bien, et d'autres où tout va mal : il n'a plus de copains, sa maîtresse ne l'aime pas, il ne veut plus aller à l'école parce que le directeur lui fait peur. Les états internes négatifs d'André sont apparus à la naissance de sa petite sœur Chloé. D'ailleurs, André était très jaloux de l'attention constante que réclamait le bébé. Aujourd'hui, les professionnels s'occupant d'André demandent à sa maman de prendre du recul.

CLAIRE : « Je dois prendre du recul par rapport aux émotions d'André. Le médecin affirme qu'André a trop d'avantages à déprimer comme ça... »

LE COACH : « Trop d'avantages ! Lesquels ? »

CLAIRE : « Quand il n'arrive pas à se lever le matin, je le garde avec moi à la maison. »

LE COACH : « Qu'est-ce qui vous empêche de l'envoyer à l'école ? »

CLAIRE : « J'en suis aussi malade que lui. Je me désole de le voir dans cet état. »

LE COACH : « Et que se passerait-il si vous décidiez néanmoins de l'envoyer à l'école ? »
CLAIRE : « Je me dirais que je suis une mère indigne, insensible… comme ma mère l'était avec moi ! »
LE COACH : « Et André, qu'en dirait-il ? »
CLAIRE : « La même chose. Je crois qu'il ne comprendrait pas mon attitude. Il aurait l'impression que je l'abandonne, que je le trahis… ou que je ne l'aime pas. »
LE COACH : « Qu'en savez-vous ? »
CLAIRE : « Pour moi, c'était comme ça quand j'étais petite… »
LE COACH : « Donc vous en concluez qu'il en est de même pour votre fils… comme s'il était un peu vous… »
CLAIRE : « Bon, d'accord, c'est vrai qu'il n'est pas moi ! Mais j'aime bien ces matinées où nous restons tous les deux. Vers les 10 heures, je me sens mieux et lui aussi. »
LE COACH : « De quoi auriez-vous besoin pour pouvoir supporter de le mettre à l'école ? »
CLAIRE : « Qu'il sache que je ne l'abandonne pas, que j'en suis malade mais que c'est ma responsabilité de maman de le pousser un peu. »
LE COACH : « Comment comptez-vous vous y prendre ? »
CLAIRE : « Je vais lui expliquer ce qui se passe et lui dire que ma décision est ferme et définitive. »
LE COACH : « Que penserez-vous qu'il arrivera ? »
CLAIRE : « Il va sûrement se rendre encore plus malade que ce qu'il est… et il ne faudra pas que je craque. »
LE COACH : « Comment comptez-vous vous y prendre pour ne pas craquer ou ne pas culpabiliser ? »
CLAIRE : « Je lui consacrerai du temps rien que pour lui. Le mercredi par exemple, je mettrai sa sœur 2 heures à la garderie pour rester avec lui. »

David, 45 ans : « Les émotions, ce n'est vraiment pas mon truc »

David vit seul avec sa fille Béatrice depuis que l'adolescente refuse de cohabiter avec le nouveau « petit ami » de sa mère. Il n'a jamais bien été à l'aise avec les émotions, et il est complètement désemparé face aux accès de désespoir de sa fille.

LE COACH : « Que se passe-t-il pour vous, David ? »

DAVID : « Je ne sais pas quoi faire quand Béatrice reste le regard dans le vague, allongée sur son lit. Elle ne veut plus voir personne. »

LE COACH : « Qui vous a dit qu'il fallait faire quelque chose ? »

DAVID : « Personne ! C'est moi qui me le dis ! Je ne vais pas la laisser comme ça. »

LE COACH : « Vous pensez qu'elle est vraiment très mal ? »

DAVID : « Pas au point de se suicider ! Il suffit qu'une copine l'appelle pour qu'elle retrouve le sourire. »

LE COACH : « Qu'est-ce qui vous empêche alors de "la laisser comme ça" ? »

DAVID : « Je n'aime pas ça. »

LE COACH : « C'est-à-dire ? »

DAVID : « Je suis perdu, c'est comme si je n'avais plus le contrôle de rien. Les émotions, ce n'est vraiment pas mon truc. Alors je vais dans sa chambre. J'ai l'impression que mon attitude renforce son état... »

LE COACH : « Qu'est-ce qui vous fait penser cela ? »

DAVID : « Elle me regarde avec des yeux effarés. Elle doit se dire que je suis vraiment nul. »

LE COACH : « Elle vous le dit ? »

DAVID : « Non. Elle articule seulement : "Calme-toi, papa. Viens près de moi, ne t'inquiète pas, ça va passer. C'est juste que je la trouve débile la vie en ce moment.". »

LE COACH : « Et que faites-vous ? »

DAVID : « Je lui réponds : "Allez, lève-toi ! En te remuant, tu te sentiras mieux.". »

● David comprendra vite que personne ne lui demande de jouer les pompiers ni les saint-bernard. Béatrice a seulement besoin qu'il se pose à côté d'elle et entre en résonance avec sa tristesse. D'ailleurs, elle sera de moins en moins triste si son père accepte de lui donner ce dont elle a besoin : de la tendresse.

Votre positionnement émotionnel est déterminant pour votre enfant. Si ce dernier sent que vous partagez avec lui ses émotions, il contrôlera la relation pour rester dans ce bain fusionnel. À l'opposé, il s'absentera dans un monde imaginaire. Centrez-vous sur votre ressenti et regardez dans votre histoire ce qui vous invite à tout mélanger ou à ne rien partager.

CRÉEZ UNE RELATION DE CONFIANCE

Empathie, sympathie et alexithymie

« Sympathie » ou « empathie » ? Ces deux termes sont formés sur la même racine grecque, *pathos*, qui signifie « souffrir ». Dans l'empathie, il s'agit de sentir à l'intérieur de soi (*em* en grec signifie « dedans ») ; avec la sympathie, il s'agit de ressentir « ensemble » (*sym* en grec signifie « commun »), c'est-à-dire de partager les mêmes sentiments que l'autre.

L'empathie : c'est la capacité à comprendre ce que ressent l'autre, pourquoi il ressent cette émotion (se mettre sa place) ainsi que les circonstances dans lesquelles il la ressent (contexte). L'empathie repose à la fois :

• **sur une aptitude humaine** : la conscience lucide de soi (« Je reconnais mes émotions, donc je suis sensible à celles des autres ») ;

• **une compétence humaine** : « Je suis capable d'essayer le point de vue de l'autre » ;

• **une qualité éthique** : la bienveillance (« J'accepte l'autre avec bienveillance et l'accueille jusque dans ses émotions »).

La sympathie : c'est la capacité à ressentir l'émotion de l'autre sans pour autant la comprendre, à fusionner avec lui comme lorsque nous étions de tout petits enfants et ne faisions pas la distinction entre nous et les autres. Naja raconte que son bébé dormait tranquillement lorsqu'elle est rentrée du travail. Il s'est réveillé subitement, et elle l'a pris dans ses bras. Mais il s'est mis à gigoter, à se crisper, puis à pleurer sans raison véritable. Naja a compris : elle-même était très tendue suite à une journée particulièrement difficile à son bureau. Son bébé le sentait.

L'alexithymie : à l'autre extrémité, il existe des parents dépourvus d'empathie à l'égard de leurs enfants. Ils ne ressentent pas leurs propres émotions, ils n'ont pas accès à leurs propres sentiments, alors comment auraient-il accès à ceux de leurs enfants ? À son fils aîné, Gaspard, incapable d'apprendre sa poésie, Bruno conseille de la recopier plusieurs fois, sans entendre le désarroi du garçon ni tenter de comprendre pourquoi il n'arrive pas à l'apprendre. À son autre fils, Valentin, qui a laissé s'échapper le furet familial dans le jardin, Bruno assène ce qu'il appelle un conseil utile (« La prochaine fois, tu t'en occuperas correctement ») sans ressentir la peine chargée de culpabilité de son enfant.

L'empathie est indispensable à l'épanouissement de vos enfants, du fait de l'interactivité émotionnelle quand vous vous trouvez l'un avec l'autre. En développant cette qualité d'être chez vos enfants comme en vous-même, vous leur permettrez de vivre des relations riches de sens et généreuses. Enfin, vous œuvrez pour la promotion de valeurs humanistes, c'est-à-dire protectrices pour les êtres humains : moins de perversité et plus de tolérance ; moins d'indifférence et plus de respect chaleureux. Pour le bien-être des générations futures.

La règle d'or de la confiance pour votre enfant

Si vous faites preuve d'empathie, vos enfants se sentiront en confiance : ils sauront que leurs émotions peuvent résonner en vous, qu'elles sont légitimes, et qu'elles ont du sens puisque vous êtes capables de les comprendre. Bref, qu'ils ont le droit de les ressentir ! Ils posséderont alors suffisamment de sécurité relationnelle pour les explorer et les vivre pleinement puisque l'adulte référent est là, « en résonance », c'est-à-dire :

Accueillir son émotion

« Hum... je sens que tu es triste », dit Sylvie, la maman de Lilou, en s'asseyant face à elle, et en la regardant avec compréhension dans les yeux.

Entrer en résonance avec lui

Sylvie laisse l'énergie émotive de Lilou la parcourir tout en la lui restituant (résonance).

Comprendre ce qui génère son émotion

Sylvie est émue par la tristesse de Lilou. Elle sait que sa meilleure amie va déménager dans un mois.

En accepter l'expression

Lilou a besoin de parler de tout ce qu'elle a vécu avec son amie. Sylvie attend avec patience et compréhension que sa fille ait terminé de lui raconter sa peine.

Contacter la sienne

Sylvie sent que la tristesse de Lilou la renvoie à sa propre tristesse, quand elle a dû déménager elle-même petite fille et laisser tous ses copains. Elle accueille sa propre émotion et revient à celle de Lilou qu'elle distingue bien de la sienne.

Restituer à votre enfant l'énergie émotive

Le fait de rester centré à la fois sur son ressenti et sur celui de Lilou permet à Sylvie d'offrir à sa fille une vraie sécurité relationnelle. L'adulte empathique « contient » son enfant ému, et se porte de ce fait garant de la permanence de son identité (l'émotion est mouvement).

APPRENDRE À CONTENIR LES ÉMOTIONS DE VOTRE ENFANT

Analysez votre ressenti

Léandre vous exaspère à tambouriner avec ses pieds sur le parquet marqueté ? Respirez ! Videz votre ventre, faites circuler l'air dans votre cage thoracique, concentrez-vous sur votre respiration, et recommencez. Fermez les yeux au besoin pour vous recentrer sur votre présent intérieur : que se passe-t-il en vous ?

INFO COACH
Présent intérieur ou présent réceptif ?

Pour contenir les émotions de votre enfant et accompagner leur intégration, vous pourrez vous concentrer sur tout ce qui se situe à l'extérieur de vous-même (la situation, ses paroles, ses gestes, son ressenti) : vous serez alors en ***présent réceptif****.*
Mais vous focaliserez aussi votre attention sur ce qui se passe à l'intérieur de vous (vos sensations corporelles, vos images internes, le dialogue intérieur). Alors vous serez en ***présent intérieur****.*
En passant d'un mode d'attention à l'autre, vous augmenterez la qualité de votre présence et votre enfant se sentira vraiment soutenu : vous ne vous laisserez pas entraîner par ses états internes (la focalisation présent intérieur vous en protège) d'une part et vous ressentirez une authentique compassion en zoomant sur la réalité de son vécu. Enfin, ces va-et-vient vous permettront d'acquérir une conscience distanciée de tout ce qui se joue.

Accueillez les émotions de votre enfant

Une fois que vous aurez retrouvé votre calme, vous serez de nouveau disponible pour contenir son émotion. Contenir une émotion ne signifie pas en limiter l'expression, mais consiste à faire en sorte que votre enfant s'en trouve grandi (le message, l'énergie émotive et l'action juste). Vous allez donc adopter une disposition d'esprit bien particulière, et qui dit substantiellement : « Je t'accueille pour te permettre de vivre à fond ce que tu ressens. Tu ne risques rien, je suis là, et moi non plus je ne risque rien : je ne redoute ni mes émotions ni les tiennes. Tu ne t'effondreras pas. Je te donne ma parole que tu sortiras grandi de cette expérience, libre et heureux. » Votre cœur sera alors grand ouvert, et vous pourrez sentir toute l'énergie qui circule de lui à vous, et en retour. Est-ce courant chez les parents ? Pas toujours, il est vrai. Mais pour l'avoir rencontrée plusieurs fois, nous savons que cette attitude fait des miracles, et permet au jeune d'éviter des années de thérapie.

AVANT, PENDANT, APRÈS : ACCOMPAGNER LES ÉMOTIONS DE VOTRE ENFANT

Sécurisez votre enfant

Cultivez cette qualité d'être qui sécurise profondément votre enfant, et si vous vous sentez encore malhabile, si vous redoutez de ne pas être au top lorsqu'il rentre effondré de l'école parce qu'un « drame » vient de se produire, aidez-vous de l'outil suivant : A.M.E.

Ces trois initiales n'étant pas moins qu'une béquille mnémotechnique pour vous permettre d'assister votre enfant avec fluidité et naturel.

Utilisez l'outil A.M.E. (Avant, Maintenant, Et après) pour gérer les émotions de votre enfant

A pour **Avant** : que s'est-il passé ?

M pour **Maintenant** : que se passe-t-il maintenant ?

E pour **Et après** : que décides-tu pour l'avenir ?

Cet outil vous présente trois phases à respecter dans l'ordre, car chacune a un objectif bien particulier :

A pour **Avant** :

– Accueillir l'émotion qui, soit a été refoulée pendant le « drame » (votre enfant attendait de se sentir en sécurité pour la vivre

OUTIL JEUNE * *
L'âme

• ***Quand :*** *lorsque votre enfant est empêtré dans des états internes négatifs.*
• ***Pourquoi :*** *pour lui permettre de s'en sortir en analysant l'expérience et en se projetant vers l'avenir.*
• ***Comment :*** *en guidant votre enfant par des questions adaptées à son âge et bien entendu en passant du « tu » au « je ». La question : « Qu'as-tu ressenti ? » peut se transformer en : « Tu as senti quoi au fond de ton petit cœur ? ».*
• ***Quel âge :*** *à partir de 7 ans, en simplifiant les questions.*

Suivons l'exemple de Carla, 15 ans, abandonnée par Sergio, 17 ans.

A comme Avant : les faits et le ressenti du passé

– Que s'est-il passé ?
« Je l'ai vu en train d'embrasser une fille. »

– Qu'ai-je ressenti ?
« Je me suis sentie humiliée, folle de rage et impuissante. »

– Qu'est-ce qui a été le plus difficile ?
« De subir son regard méprisant. »

– Comment ai-je réagi ?
« J'ai éclaté en sanglots et je suis partie en courant. »

– Suis-je satisfait ou non de ma réaction ?
« Non. C'est lui le coupable, et c'est moi qui m'enfuis. »

M comme Maintenant : les faits et le ressenti du présent

– Dans quel état interne je me sens maintenant ?

« J'ai terriblement mal dans la poitrine. »

– De quoi ai-je besoin ?
« Que ce préjudice soit réparé. De me venger. »

– Quel est mon désir profond ? Est-il réalisable ?
« Arracher les yeux de sa copine. Mais c'est impossible. J'irai seulement lui parler. »

– Quelles sont mes ressources ?
« Je demanderai à mon amie Stéphanie de m'accompagner pour éviter que je ne me dégonfle. »

E comme Et après : les décisions pour l'avenir

– Quelles leçons ai-je tirées de cette expérience ?
« Qu'on ne peut pas totalement être sûr de tout dans la vie. »

– Quelle parade puis-je apporter dans le futur pour faire vraiment face ?
« Je serai plus vigilante à l'avenir et je ne me lancerai plus dans une histoire les yeux fermés. »

– Qu'est-ce que je décide de faire ?
« Ce n'est pas à sa copine que j'irai parler, mais à lui. J'ai besoin de lui dire mon écœurement. »

– Comment je vois l'avenir ?
« Je ferme les yeux et je me vois en train de mettre à exécution ma décision dans un futur proche, et plus loin, je m'imagine dans des situations similaires en train d'utiliser ma parade. Je focalise mon attention sur mon sentiment de satisfaction à me tirer de situations difficiles. »

pleinement, donc de vous retrouver), soit l'a submergé au point de l'empêcher de donner une réponse adéquate.

– Hiérarchiser : « Qu'est-ce qui a été le plus difficile à vivre pour toi ? »

M pour **Maintenant** :

– Revenir au présent pour introduire une distance par rapport à l'événement lui-même. Comment se sent-il là, maintenant ? Que décide-t-il pour affronter la situation ?

E pour **Et après** :

– Envisager le futur qu'il faut organiser et une réponse juste à donner à l'événement.

QUAND LE TEMPS PRESSE

Adoptez le « coaching express »

Comment aborderez-vous les états internes de vos enfants dans l'urgence, quand vous n'avez pas le temps de poser des questions ou d'écouter vraiment ? Les enfants sont les spécialistes de ce genre de demandes, *in extremis* et *presto presto*. Le coaching express peut vous aider et vous constaterez qu'il reprend largement le processus de la maïeutique (chapitre 9).

Entraînez-vous « à froid » !

Les exemples suivants vous permettront d'intégrer facilement ce modèle d'intervention. N'hésitez pas à vous entraîner hors des situations de stress possible.

OUTIL JEUNE *
Le coaching express

• ***Quand :*** *quand le jeune se trouve dans un état interne négatif et qu'il y a urgence.*

• ***Pourquoi :*** *pour lui permettre de partager son état interne et de le clarifier.*

• ***Comment :*** *le plus naturellement du monde. Ne déroulez en aucun cas la liste. Si la situation ne se débloque pas, prenez-le dans vos bras s'il a peur, demandez-lui de crier un bon coup s'il est en colère (allez ! il aura même le droit aux gros mots !) ; s'il a honte, donnez-lui un exemple dans votre vie où vous avez eu vraiment honte, et compatissez. S'il est désespéré, faites-lui remémorer toutes ses expériences positives. Chantez sa chanson préférée ! De toute façon, vous n'avez pas le temps de trouver une autre solution.*

• ***À quel âge :*** *dès 5 ans.*

Les faits

« Que se passe-t-il ? », « Tu as un problème ? », « J'ai l'impression que ça ne va pas... »

L'émotion

« Et comment te sens-tu par rapport à ça ? », « Veux-tu m'en parler ou le garder pour toi ? »

L'objectif

« Que veux-tu maintenant ? », « Que voudrais-tu à la place de tout cela ? »

Les besoins

« De quoi as-tu besoin ? », « Qu'est-ce qu'il te manque pour te sentir bien ? »

La ressource parentale

« En quoi puis-je t'aider ? », « Un câlin, ça t'irait ? »

La dernière question a beaucoup d'importance : elle évite au parent de jouer au pompier sans que son enfant lui ait demandé d'intervenir, et permet à l'enfant de se réapproprier son libre arbitre comme de sentir que les adultes le respectent vraiment (espace de soi). À son tour, il apprendra à se demander : « Ai-je la capacité de m'en sortir seul ou ai-je besoin de mon parent ? », ce qui l'amènera à évaluer ses ressources et, qui sait, à les mobiliser. En tout cas, il donnera sa réponse, adéquate ou non, mais il se la sera appropriée.

Sophie, 8 ans : « Je suis sûre que je vais rater mon contrôle »

Sophie est assise sur le siège arrière de la voiture, complètement renfrognée alors qu'elle a un tempérament joyeux. Il est 8 h 15 et à 8 h 25, il faut qu'elle ait franchi la porte de l'école. Sa maman perçoit son état :

PARENT-COACH : « Sophie, j'ai l'impression que quelque chose ne va pas, je me trompe ? »

SOPHIE : « Non, non, tout va bien... »

PARENT-COACH : « Permets-moi d'insister, mais tu ne te comportes pas comme d'habitude... Veux-tu m'en parler ? »

SOPHIE : « C'est le contrôle de tout à l'heure. »

PARENT-COACH : « Et ? »

SOPHIE : « Je n'ai pas envie de le faire ! »

PARENT-COACH : « Qu'est-ce qui fait que tu n'as pas envie de le faire ? »

SOPHIE : « Je suis sûre que je vais le rater. »

PARENT-COACH : « Peux-tu m'expliquer comment tu t'y prendras pour le rater alors que tu as bien révisé ? »

SOPHIE : « Je ne sais pas, mais je suis sûre que je vais le rater. »
PARENT-COACH : « Et de quoi aurais-tu besoin pour être sûre de le réussir ? »
SOPHIE : « De ne plus avoir peur. »
PARENT-COACH : « Puis-je faire quelque chose pour que tu n'aies plus peur ? »
SOPHIE : « Oui, que tu me prennes maintenant dans tes bras et que pendant le contrôle tu penses très fort à moi. »
PARENT-COACH : « C'est promis, pendant l'heure qui suit je vais me concentrer très fort, et ne penser qu'à toi. »
SOPHIE : « Et maintenant je peux faire mon câlin ? »
PARENT-COACH : « Bien sûr ! Allez, viens contre moi. »

Stanislas, 17 ans : « Je vais les retrouver et les tuer ! »
Stanislas doit impérativement reprendre ses esprits alors qu'on vient de lui voler son scooter tout neuf. Il doit passer la première épreuve de philo du Bac dans une heure.
PARENT-COACH : « Je sens que tu es vraiment en colère. »
STANISLAS : « Je suis furax ! J'ai envie de les éclater ! »
PARENT-COACH : « Qu'est-ce que je peux faire pour toi ? »
STANISLAS : « À part m'emmener en voiture, je ne sais pas ! »
PARENT-COACH : « Bon, ça allait de soi... Veux-tu que je t'aide à retrouver tes esprits ? »
STANISLAS : « Non ! Ça me prend encore plus la tête ! Je vais les retrouver et les tuer ! »
PARENT-COACH : « Je me permets quand même de te suggérer d'aller faire un tour à pied pendant un quart d'heure. Tu as largement le temps. »
STANISLAS : « Tu as raison. Et je téléphonerai à Julien en marchant pour lui raconter. »

Sans chaleur humaine l'être s'étiole ; sans écho la parole retombe dans un *vacuum* affectif ; sans empathie le sentiment de solitude prend à la gorge, même en présence de l'autre. Entrez en résonance émotionnelle avec vos enfants pour le meilleur d'eux-mêmes !

9

Aidez votre enfant à se construire

APPRENEZ-LUI À FAIRE RESPECTER SON ESPACE

Comment construire un « espace de soi » ?

Une conquête vitale

« Laissez-moi vivre ! », « Je suis moi, et pas toi ! », « Lâchez-moi les baskets ! », « Je suis moi et pas un autre ! », « Maman, tu aimes le jazz et moi la dance ! », « L'espace de rêver, de désirer, de décider, c'est trop vous demander ? »... L'espace de soi est une conquête vitale pour vos enfants. Et quand, tout jeunes, ils ne le réclament pas, ils se ruent dans les brancards une fois adolescents ou ont, à l'âge adulte, besoin de consulter un professionnel. Soit ils ont vécu dans l'isolement, soit ils ont vécu sans jamais se retrouver « seuls » ni vivre « pour » et « par » eux-mêmes. D'autres, plus chanceux, intègrent cet espace de soi dès les premières heures de leur vie, avec le droit de dire vraiment « Oui » ou « Non » sans pour autant grandir la bride sur le cou.

L'espace de soi est un concept utile pour désigner la place à laquelle chaque bébé/enfant/adolescent a droit pour s'épanouir, et dont les modalités varient dans le temps selon l'âge et les événements. Cet espace a deux garants, le parent d'abord puis, progressivement, l'enfant, qui s'achemine peu à peu vers l'autonomie. Un jeune adulte dont l'espace de soi sera solidement construit, aura acquis une sécurité intérieure suffisante pour relever les défis de la vie.

Aidez-le à construire son espace

De quoi s'agit-il ? L'espace de soi touche :

- **à la géographie** (sa chambre) ;
- **au corps** (« Mon corps m'appartient et les adultes qui prennent physiquement soin de moi doivent respecter cette loi ») ;
- **au cœur** (« Suis-je aimé ou non ? », « Qui est là pour donner et recevoir mon amour ? », « Qui accueille mes émotions ? ») ;
- **à l'esprit** (« Ai-je un temps, un endroit pour penser et quelqu'un de disponible pour accueillir cette pensée ? ») ;
- **au positionnement dans le système familial** (« Suis-je négligé ou suis-je le centre de toutes les attentions ? ») ;
- **à l'éthique** (« Je suis une personne ou un pion ? »).

Le paradoxe de l'espace de soi est qu'il se construit tant avec soi-même qu'avec l'autre, dans la sphère privée de l'intimité comme dans l'interaction entre les gens, et surtout avec les parents. Comme tout espace, il a des frontières internes et externes. Il est situé à l'intérieur d'un ou plusieurs systèmes (la fratrie, la famille, la société) ; il possède une dimension temporelle (« Quels sont mes besoins permanents ? », « Quels sont mes besoins du moment ? », « Quel est mon rythme ? », « Quel temps me laisse-t-on pour grandir ? Comprendre ? Ressentir ? Exprimer ? »].

Dans le cadre de ce livre, nous nous concentrerons sur le rôle et le positionnement des parents dans la construction de cet espace. L'espace de soi définit l'espace de liberté et de respect dont chaque être humain a besoin pour se construire à la fois :

- **« En propre »** : « Je suis une personne qui a droit à son intimité et en a besoin. Cet espace me permet de me définir et de me recentrer pour réaliser la vie que je me choisis. »
- **En relation « avec »** : « J'ai besoin d'accéder progressivement à un certain degré d'autonomie pour établir des relations autres que fusionnelles et/ou de dépendance, pour être réellement en relation avec l'autre. »
- **« Vers »** : « Quand j'ai eu le temps et la place d'exister, je peux m'élancer consciemment vers le monde, sans me perdre dans l'espace de l'autre. »

Comment montrer l'exemple ?

Accordez-lui suffisamment d'espace

La place que vous allez accorder à vos enfants est essentielle pour leur épanouissement émotionnel. Vous aurez souvent besoin de vous demander si l'espace que vous laissez à votre enfant est suffisant pour :

- penser, imaginer, rêver, désirer [espace tête] ;
- ressentir, exprimer ses émotions et ses sentiments [espace cœur] ;
- réaliser, construire, créer, faire [espace mains] ;
- bouger, sentir, parcourir [espace jambes] ;
- s'affirmer, décider, choisir [espace « je »].

Sitôt que vous le jugerez utile, vous leur demanderez, en vérifiant que leurs réponses ne soient pas uniquement destinées à vous faire plaisir, « Qu'est-ce que tu en penses, toi, réellement ? », « De quoi as-tu vraiment envie ? Prends le temps de rentrer en toi avant de me répondre... Je ne suis pas pressé... Que décides-tu et en fonction de quoi ? ». Faites au besoin des demandes : « Ce que j'attends de toi c'est que tu me donnes une réponse qui te reflète vraiment... »

Prenez de la distance

En permettant à votre enfant de construire son espace de soi, vous lui apprenez à se structurer non seulement par rapport à son environnement mais encore par rapport aux autres et à lui-même. Toute votre dextérité consistera ensuite à doser entre une éducation laxiste ou, au contraire, trop rigide. Posez-vous enfin également cette question déterminante, si vous êtes, comme de nombreux parents, engagés dans une course folle contre la montre : « Quel temps j'accorde à mes enfants ? Quelle est ma disponibilité réelle pour entendre leur voix ? »

Karl, 45 ans : « Émilien est devenu tyrannique et capricieux »

« Mes parents m'ont élevé dans l'idée que les enfants "comme il faut" ne devaient jamais rien demander mais attendre patiemment qu'on s'occupe d'eux. Sitôt que je réclamais quelque chose, on me disait que j'étais exigeant et que je ferais fuir mon entourage si je ne changeais pas. Quand Émilien (5 ans) est né, je me suis promis de ne pas lui faire subir ce supplice qui consiste à se faire oublier. Tout petit je lui ai appris à réclamer son dû et à se faire entendre. Je trouvais mon attitude très saine. Mais, bien évidemment, Émilien, de "petit garçon qui se respecte et sait se faire respecter", est

devenu "tyrannique et capricieux". J'ai maintenu mes valeurs (le respect de soi et de ses besoins, le droit d'exister tel qu'on est), mais j'ai ajouté : "Tu as le droit de te faire entendre et de demander la satisfaction de tes besoins, mais nous ne sommes pas, ta maman et moi, tenus de les satisfaire dans l'immédiat.". »

● En se montrant trop laxiste, Karl empêchait Émilien de découvrir repères et limites.

Comment respecter son corps et son intimité ?

Ni isolement ni intrusion

L'isolement est dangereux pour les enfants qui se renferment sur eux-mêmes. Mais les intrusions dans leur espace privé sont, elles aussi, destructrices, dans la mesure où l'enfant perd confiance en ses parents qui ne respectent pas ses limites personnelles. Son intégrité, tant physique que psychologique, est menacée : soit il la défendra en mobilisant une énergie qu'il pourrait investir ailleurs, soit il se sentira violé et coupera avec le monde extérieur. Référez-vous à ce propos à la première partie de ce livre.

L'espace de soi se construit donc sur le respect du corps de vos enfants. Nous passerons sous silence ici le drame des abus sexuels et des coups dont ils sont parfois victimes pour nous concentrer sur d'autres réalités moins dramatiques mais plus courantes (les bisous dont il ne veut pas, la porte de la salle de bains ou de la chambre qui s'ouvre brutalement, etc.), tellement courantes qu'on en oublie de les considérer comme des atteintes à l'intégrité de la personne ! Pourtant les confidences des enfants, jeunes et adultes montrent à quel point de tels abus déterminent leur vie.

Line, 42 ans : « Viens faire un bisou à tonton ! »

« Je suis née dans une famille où il n'y avait plus eu d'enfants depuis une longue décennie. Aussi, grands-parents, oncles et tantes, cousins et cousines me papouillaient, me prenaient sur leurs genoux, m'embrassaient. Je trouvais ça dégoûtant. Une scène a marqué mon existence : je trotte dans le salon de ma grand-mère – je dois avoir 2 ou 3 ans. Toute la tribu est réunie, maman vante mes courbes de poids et de croissance, raconte mes exploits. Moi, je n'ai qu'une envie : déterrer la plante grasse qu'arrose chaque soir ma grand-mère... Un désir irrépressible me prend, je tente de m'éclipser, je vois déjà la pauvre plante racines au ciel... quand mon oncle me saisit par la taille. Je m'échappe, mais maman dit : "Viens faire un bisou à tonton et tu pourras t'enfuir, petite coquine." Je cède, comme je céderai adulte en faisant quantité de choses que l'on me demande seulement pour avoir le droit de faire celles qui m'intéressent en paix. »

Quelle parade adopter pour lutter contre ces intrusions ? Vous pouvez prendre un temps de recul pour vous demander, à propos de vos gestes ou de vos paroles : « Quelle est mon intention véritable ? Comment perçoit-il cette intention ? Se sent-il respecté ? » Ne vous interdisez pas les gestes tendres, ne renoncez pas à votre spontanéité, mais sachez doser ! Observez la réaction de votre enfant, elle seule vous guidera : s'essuie-t-il la joue après chacun de vos baisers ? Tente-t-il de fuir quand vous le serrez très fort dans vos bras ? Inversement : demandez-vous si votre ado reçoit suffisamment de marques d'amour de votre part.

Comment respecter sa vie privée ?

Sa vie privée ne concerne que lui

Quant à la vie privée de vos enfants, elle ne concerne qu'eux. Et, même très jeunes, ils ont besoin que vous respectiez leur jardin secret. La plupart des enfants vivent très mal l'intrusion dans leur univers privé (pensées, sentiments) et développent non seulement des comportements de retrait de la relation mais aussi de dissimulation ou de défiance.

La vigilance n'empêche pas le respect

Bien entendu, vous serez confronté à des cas de conscience : votre ado a l'œil vitreux certains matins, son comportement a radicalement changé. Est-ce l'adolescence ou l'abus de « pétards » ? Vous aurez envie de fouiller sa chambre, et c'est normal. Mais avant d'endosser l'uniforme du gendarme, pensez aux conséquences de votre démarche et, au besoin, rectifiez-la en fonction de vos valeurs et de la personnalité de votre enfant. Vous avez découvert le pot aux roses ? Expliquez-lui ce qui a justifié votre démarche, et affirmez vos principes : « Je t'accorde la confiance que tu mérites et dont tu te montres digne. »

Comment être attentif à sa sensibilité ?

Respecter un enfant et lui permettre de construire le sentiment qu'il a de lui-même, c'est lui prouver au quotidien qu'il existe en tant que personne à part entière, avec une sensibilité et un rythme (maturité, apprentissage, compréhension) qui lui sont propres.

Frédéric, 52 ans : « Il ne prenait aucun plaisir à cette activité »

« Je m'étais toujours dit que le jour où j'aurais des enfants, je

les formerais à l'école de la vie. Je voulais qu'ils n'aient peur de rien et qu'ils se dépassent tous les jours. Tout petits, je les poussais à crapahuter partout, à sauter des murets. Quand ils tombaient, je ne les consolais jamais, je leur disais : "Un homme à terre est un homme mort." J'ai inscrit l'aîné Charles, 9 ans, à un cours de kung-fu, mais je le trouvais vraiment timoré. Il pleurait chaque fois qu'il prenait un coup dans les entraînements et le pire, c'était le passage des ceintures où il paniquait. Un jour, nous avons répété les enchaînements pour le prochain passage : il fallait qu'il réussisse ! Il a réussi, mais j'ai eu un véritable choc en le voyant : à chaque mouvement, il s'arrêtait comme pour me dire : "C'est ça papa, hein, je ne me trompe pas ? Tu seras fier de moi après ?" J'ai été bouleversé : il ne prenait aucun plaisir à cette activité et se collait une pression insoutenable. J'ai décidé de ne plus assister aux entraînements. Ça a été une véritable réussite : au kung-fu, il est un des meilleurs et son prof le dit maintenant "très concentré". »

Les enfants dont on ne respecte pas la sensibilité (« Quelle poule mouillée ! ») ni le rythme développent des comportements de stress et perdent leurs repères intérieurs.

Comment respecter sa personnalité ?

« C'est pour ton bien ! »

Quand les parents font tout pour leur enfant, mais surtout en fonction d'eux-mêmes, il leur arrive fréquemment d'agir « pour leur bien » et d'oublier que leurs enfants ont une personnalité propre, des goûts, des envies, des valeurs. De nombreux adolescents, et même plus tard des adultes, ont l'impression que leur vie leur a échappé et que leurs parents ont décidé pour eux... Intègrent-ils une grande école ? « Ça faisait plaisir à mes parents » ! La récurrence de ce type de remarques montre que bien des jeunes n'ont pas eu d'espace propre pour grandir vraiment.

Prenez en compte ses décisions

Ce manque de place pour l'identité de chacun se manifeste aussi au quotidien par les décisions que prennent les parents sans même consulter leur enfant. Une maman glisse un goûter dans le cartable de son fils qui ne veut rien emporter, et surtout ne lui a rien demandé. Un papa appelle son meilleur ami pour qu'il trouve un poste à son fils : « En usine ! Le métier d'O.S. [ouvrier spécialisé], il faut qu'il connaisse ! » Il s'agit sûrement d'une expérience enrichissante, mais le plus respectueux serait qu'il en discute avec lui, lui explique ses motivations et lui pose cette question essentielle : « Qu'est-ce que tu en penses ? »

Comment le laisser être un enfant ou un adolescent ?

Il n'est pas votre confident

Lorsque les limites entre les générations ne sont pas clairement établies, lorsque l'enfant ou le jeune devient le confident de son parent qui lui raconte par le menu détail sa vie sexuelle, le délit est proche de l'inceste dans la mesure où fils et fille pénètrent, au moins en imagination, dans le lit parental (ou extra-conjugal). La souffrance de ces jeunes, souvent obligés de se démarquer du parent en mettant une distance froide ou en l'agressant, au moins verbalement, pour se protéger une fois qu'ils ont pris conscience de l'abus, est immense. Ils ont parfois en commun d'établir avec les personnes des relations confuses, de ne pas sentir que leur intégrité est menacée (les limites ? Ils ne connaissent pas !) ou bien de défendre leurs limites en créant des conflits pour des vétilles (« Je ne me sens pas respecté ! » disent-ils à tout bout de champ) ou en se retirant de la relation au moindre risque fantasmé (« Je suis sûr qu'il veut me manipuler ou m'exploiter »).

Sylvain, 40 ans : « J'avais le sentiment répugnant de partager son lit ! »

« J'étais très proche de ma mère, j'aimais l'écouter me parler de son enfance à l'occasion de longues promenades dans les bois. Mais sitôt qu'elle a rencontré des difficultés conjugales avec mon père, elle s'est mise à me confier ses déboires, à évoquer sa vie sexuelle pour le moins décevante avec mon père, puis son besoin à elle de fréquenter d'autres hommes, "par hygiène", précisait-elle comme si ses confidences ne suffisaient pas. J'avais non seulement le sentiment répugnant de partager son lit, mais surtout celui, plus complexe, de me sentir blessé du fait que d'autres hommes souillaient un corps qui m'avait porté. »

Soyez tolérant avec vous-même

Si vous avez tendance à trop en dire sur votre vie amoureuse à vos enfants, recherchez qui dans votre enfance vous a abusé. Quel type de relation vos parents ont-ils noué avec vous ? Ensuite, faites le bilan de ce qui vous manque et que vous retrouvez chez votre enfant (une oreille attentive, la bienveillance, la disponibilité, etc.), puis demandez-vous qui dans votre entourage serait capable de vous l'offrir : votre fille n'est pas votre meilleure amie. Enfin, reprenez le chapitre 1 et redéfinissez votre identité de parent. Ne vous jugez pas durement : la plupart des parents qui se livrent à de telles confidences n'ont pas conscience des conséquences de leurs actes.

APPRENEZ-LUI À SE STRUCTURER

Est-il plutôt « raisonnant » ou « émotif » ?

Quand l'émotion paralyse la raison

Naïs est incapable de réciter son poème devant les autres alors qu'elle le connaît sur le bout des doigts. Pourquoi ? Elle est partagée entre deux émotions qui lui disent :

– « Ne récite pas ton poème. Tu vas tout rater. D'ailleurs, tu es ridicule et les autres vont te le faire remarquer. »

– « Je suis la peur. Je t'indique que tu te sens en danger. Cette expérience est difficile pour toi parce que tu penses que les autres vont te juger et que tu es certaine de tout rater. Si tu étais sûre de la bienveillance de tes camarades ou de ce que tu allais réussir, tu ne me ressentirais même pas. »

Comme Naïs, vos enfants ont besoin d'en savoir plus sur les émotions pour vivre heureux et diriger leurs vies.

Vous adapterez ces leçons à l'âge de vos enfants et ne manquerez pas de les réactualiser en fonction de l'avancée des recherches. Nous avons sélectionné des informations indispensables pour leur permettre de mieux comprendre ce qui leur arrive, de traiter les émotions en amies, mais aussi de savoir qu'elles nous dirigent parfois vers des réponses inadaptées.

Trois cerveaux dans une même tête

Le neurologue américain Paul Mac Lean a montré que notre cerveau s'est constitué par différentes couches en réponse à l'évolution de l'homme. Pour survivre dans son milieu, il aurait développé une partie instinctive (cerveau reptilien), puis émotionnelle (cerveau limbique) et enfin raisonnante (cortex et néocortex).

Le « **cerveau instinctif** » (ou reptilien) : il s'agit du plus ancien. Purement instinctif, rigide, producteur de réponses automatiques et stéréotypées, il est le siège des fonctions vitales.

Le « **cerveau émotionnel** » (ou limbique) : c'est le siège des émotions. Il fonctionne très rapidement quand notre survie est en jeu. Il est en lien permanent avec l'extérieur, entretient une relation privilégiée avec le corps (entrées et sorties d'informations concernant la respiration, l'appétit, le sommeil, etc.) et assure notre équilibre physiologique.

Le « **cerveau raisonnant** » (ou néocortex) : c'est la partie la plus récente. Elle représente le siège des processus intellectuels, du raisonnement et des décisions volontaires. Elle fonctionne plus lentement que le « cerveau émotionnel ».

Ces trois cerveaux ne fonctionnent pas de manière indépendante. De nombreuses connexions existent entre eux de sorte qu'ils sont capables de s'influencer réciproquement ! Expliquez à votre enfant que progressivement il pourra investir toutes ses dimensions, et qu'il ne faut pas se laisser contrôler uniquement par le « cerveau émotionnel » ou le « cerveau raisonnant ». Si la nature humaine nous a pourvus de ces différents cerveaux, c'est pour que nous les utilisions tous !

Voie lente ou voie rapide ?

L'amygdale (partie du cerveau reptilien ainsi nommée à cause de sa forme en amande) nous est indispensable pour ressentir et percevoir nos émotions. Elle nous permet de réagir sitôt qu'un danger nous menace. Néanmoins, elle s'active si rapidement qu'elle ne nous laisse pas le temps de réfléchir (néocortex) à la façon dont il faut réagir : c'est la voie la plus courte. L'autre voie étant celle qui passe par le néocortex (la voie la plus longue).

L'amygdale est prédominante chez les enfants car le néocortex n'arrive à maturité qu'à l'âge adulte. Apprenez à vos enfants qu'ils auront parfois à prendre du recul face à des réponses qu'ils voudraient immédiates et, à l'inverse, à agir sans réfléchir pour sauver leur petit frère en train de tomber d'un arbre.

Découvrir en soi la solution à ses problèmes

Qu'est-ce que la maïeutique ?

La maïeutique est la méthode par laquelle Socrate (dont la mère était sage-femme) accouchait les esprits par un dialogue spécifique qui amène l'interlocuteur à trouver sa vérité (ce qu'il tient pour vrai) en utilisant sa pensée propre, ses ressources propres sans que cette vérité lui soit enseignée ou transmise.

En résumé : la maïeutique s'apparente à une méthode pédagogique visant la recherche de l'autonomie dans le respect de soi. Elle consiste notamment à poser des questions qui clarifient la pensée : « Que se passe-t-il ? », « Quel lien fais-tu… », « Si j'ai bien compris ce que tu as dit… » (vous reformulez pour faire apparaître les équivalences ou les contradictions) et à suspendre jugements et conseils.

Un parent peut aider son enfant – même très jeune – à se structurer grâce à la maïeutique. Il apprendra surtout que les solutions trouvées seront d'autant plus adéquates qu'il les aura découvertes en lui-même, par lui-même, et non chez les autres.

Réconcilier son mental et son affectif

La maïeutique entraîne vos enfants à faire usage de leur « cerveau pensant » d'une part, et d'autre part à revisiter leur « mémoire affective » si souvent imprécise, placée dans le « cerveau émotionnel ». Très souvent, du fait de nombreuses cristallisations émotionnelles, de croyances imbriquées les unes dans les autres, d'expériences se contredisant entre elles, l'enfant vit une réalité qui n'a plus de sens.

Par exemple : Guillaume rentre de l'école en pleurnichant. Sa maman lui demande : « Qu'est-ce qui se passe, mon chéri ? » et Guillaume est incapable de répondre. En fait :

- Dès le matin, tout a mal commencé parce qu'il a vu les parents de son copain Antoine l'amener à l'école alors que ses propres parents sont divorcés et ne s'adressent plus la parole.

- Il s'est souvenu avec nostalgie du temps heureux (émotion élastique).

- Il n'a pas osé en parler à sa maîtresse (croyance : « Personne ne peut comprendre mon chagrin, donc je préfère le garder pour moi ») alors qu'il aurait pu s'en libérer.

- Ensuite, ses petits copains se sont moqués de lui, et comme il ne voulait pas les perdre, il s'est laissé faire (inhibition).

- Quand sa maman est arrivée, le trop-plein de colère était là, prêt à se déverser sur elle : d'ailleurs, elle avait oublié de lui acheter son pain au chocolat, il a failli en faire une maladie (déplacement et frustration).

- Mais il a préféré pleurer parce qu'il sait qu'elle ne supporte aucun débordement émotionnel… sauf les larmes de tristesse (émotion racket : la tristesse à la place de la colère).

Conclusion : la vie de nos enfants est bien plus compliquée que leur petit visage ne le laisse imaginer.

William, 6 ans : « Je veux voir un docteur »

Quand le petit William, 6 ans, vous dit : « J'ai tout le temps envie de me battre, il faut que tu m'amènes voir un docteur », vous pouvez lui répondre :

- *« Tu as raison, c'est bizarre ! Veux-tu que nous prenions rendez-vous chez le docteur X ? »,*
- *ou bien : « Si tu crois qu'on va voir un docteur pour ça ! »*

Mais vous pouvez aussi prendre le temps de l'écouter, de lui laisser raconter son problème, tout en lui posant des questions qui lui permettent de comprendre ce qu'il vit.

*PARENT-COACH : « **Qu'est-ce qui te fait penser que** tu as besoin d'un docteur ? »*
WILLIAM : « C'est pas normal d'avoir envie de se battre. »
*PARENT-COACH : « **En quoi** n'est-ce pas normal ? »*
WILLIAM : « C'est qu'on fait mal aux autres. »
*PARENT-COACH : « **Oui, parfois...** et toi, tu n'as pas envie de faire mal aux autres ou... ? »*
WILLIAM : « Non, c'est pas ça. J'adore leur faire mal. »
*PARENT-COACH : « **Alors tu adores** leur faire mal même quand ils ne t'ont rien fait ? »*
WILLIAM : « Oui. »
PARENT-COACH : « ***Bon, mais je ne comprends toujours pas en quoi*** *un docteur peut t'aider. »*
WILLIAM : « Il va m'expliquer pourquoi j'aime faire mal aux autres. »
*PARENT-COACH : « **Peut-être, mais** il y a beaucoup d'autres personnes qui pourraient sinon te l'expliquer du moins en discuter avec toi... »*
WILLIAM : « Non. Parce que aimer faire mal aux autres, c'est une maladie. »
*PARENT-COACH : « **C'est donc cela qui t'inquiète** : tu penses que tu es malade ! »*
WILLIAM : « Oui, parce que lorsque je me suis battu, après j'ai toujours mal au ventre. »

*PARENT-COACH : « **Et si ton mal de ventre voulait dire autre chose, par exemple** que tu es en bonne santé, c'est-à-dire que tu aimes bien te battre... mais que ton petit cœur était très en colère de faire mal aux copains. »*

WILLIAM : « T'as deviné. Je n'aime pas quand je fais mal à mes copains. Après c'est plus mes copains. »

*PARENT-COACH : « **Tu penses** avoir encore besoin du docteur ? »*

WILLIAM : « Non, non... je vais jouer maintenant. »

Savoir doser cette technique

Utilisez la maïeutique, mais n'en faites pas une caricature : ne laissez pas votre enfant en plein marasme. N'hésitez pas à faire des propositions, à émettre des hypothèses qui le feront avancer et permettez-lui de vous dire : « Non ! Tu n'as rien compris ! » si vous vous êtes fourvoyé. Plus votre enfant sera invité à écouter ce qui se passe en lui, mieux il saura exprimer son ressenti. Le plus important n'est pas tant la vérité que sa perception des choses à un moment donné. Notez aussi que la maïeutique n'est pas toujours appropriée et que votre enfant a parfois seulement besoin que vous l'écoutiez ! S'il a besoin de présence et non de clarification, n'insistez pas.

CE QUE VOTRE ENFANT DOIT SAVOIR

Il a une véritable vie intérieure

Apprenez à votre enfant qu'il a une vie intérieure. Il est curieux de voir que les enfants n'ont pas conscience de ce qui se joue à l'intérieur d'eux-mêmes, et qu'ils remplacent la juste évaluation de soi par des jugements (« Y'a pas plus nul que moi... Je n'y arriverai jamais avec ma sensibilité ! »). Certains fuient carrément leur vie intérieure en se droguant ou en passant leur journée collés à l'écran de l'ordinateur, et continueront adultes de rechercher à l'extérieur d'eux-mêmes les ressources qu'ils pourraient trouver en leur propre personne, si nous leur avions montré la voie.

Enfin, la conscience de sa vie intérieure est un rempart efficace contre les manipulations en tout genre, mais aussi le plus sûr moyen de choisir et de décider en fonction de ses propres critères.

Il a des points forts et des limites

Apprenez-leur aussi à s'évaluer eux-mêmes, à découvrir leurs points forts et leurs limites du moment. Ils choisiront de développer les premiers et de repousser toujours plus loin les secondes, mais cette décision-là leur appartient : vous êtes alors « parent catalyseur de vie » et non « acteur/décideur/ressenteur » à la place de vos enfants !

Il n'est pas réductible à ses émotions

Apprenez à votre enfant à vivre ses émotions (la colère, par exemple), mais à ne pas « être » ses émotions (caractériel dans ce cas). Il doit refuser de se laisser définir. Apprenez-lui à protester contre l'étiquetage et le formatage.

Il est responsable de son ressenti

Chaque personne est responsable de son ressenti. C'est elle qui ressent et non autrui. C'est en fonction de son histoire, de ses habitudes émotionnelles qu'elle réagit de telle ou telle manière. Pourtant, nos enfants ont beaucoup de difficulté à l'admettre. Ils disent : « Elle m'énerve », alors que ce sont eux qui s'énervent ; « C'est sa faute si je ne me suis pas maîtrisé », alors que la responsabilité de l'autre s'arrête au comportement qu'il a initié. Il est important de leur expliquer ce processus, sinon, ils resteront dans des logiques d'accusation de l'autre ou de l'environnement (croyances de passivité : « Je suis comme ça ! », « C'est la faute à... », « Il m'a provoqué ! »).

Votre positionnement en parent catalyseur de vie comme votre fluidité émotionnelle sont réellement les garants de l'épanouissement émotionnel de vos enfants. Prenez le temps d'intégrer ces données, faites régulièrement le point avec vous-même, et n'oubliez pas de... vivre !

Quatrième partie

ÉDUQUEZ VOTRE ENFANT AUX ÉMOTIONS !

Vos enfants ont de la chance, la vie leur donne la possibilité de ressentir une palette très variée d'émotions. Et ils ne s'ennuieront pas si, une fois capables de déterminer les grandes orientations de leur existence, ils choisissent de les vivre à fond. Mais cette diversité peut aussi les décontenancer : « Qu'est-ce que je ressens ? », « Que signifie mon trouble ? », « Comment positiver un ressenti négatif ? », « Comment modifier mes comportements ? » Aidez-les à s'y retrouver. Éduquez-les à l'émotion comme à celle des autres ! Il s'agit d'un « incontournable » pour les générations futures. Car vos enfants ont besoin d'apprendre à mobiliser leurs ressources pour faire face à la vie, et surtout vivre celle qu'ils désirent.

10

Votre enfant est unique, ses émotions aussi !

EN RÈGLE GÉNÉRALE...

Nier les émotions, c'est nier la vie ! Refuser l'éducation émotionnelle, c'est donner à vos enfants un viatique bien léger ! Nous avons répertorié une série d'actions à éviter ou au contraire à privilégier : certaines règles valent pour tous. À vous de compléter ce « code » de « bonne » conduite en fonction de vous-même, de la personnalité et de l'âge de vos enfants.

Ce qu'il faut éviter à tout prix

Ignorer ses émotions et sentiments

« Je suis sûr que tu n'as pas mal ! »

« Ton poisson rouge est mort ce matin, je l'ai jeté dans le vide-ordures. »

Lui interdire d'exprimer une émotion

« Tu te calmes parce que s'il y a une chose que je ne supporte pas, ce sont les enfants colériques. »

« Tu es mon soleil… alors quand tu es triste je n'ai plus de joie de vivre ! »

Lui interdire d'exprimer toute émotion

« Tu te maîtrises parce que sinon je vais exploser. »

« Tu es triste ? Eh bien, tu n'as qu'à prendre sur toi ! Je le fais bien, moi ! »

L'enferrer dans un ressenti désagréable

« Ta grand-mère était très déçue de découvrir que tu lui avais volé une vidéo. Tu devrais avoir honte de toi ! Imagine-la cherchant partout sa cassette, avec son mal de dos ! Tu as fait grimper sa tension artérielle, elle aurait pu en mourir ! »

Mettre en doute la légitimité de ce qu'il ressent

« Ne sois pas stupide ! Il n'y a pas de quoi se mettre en colère ! »

« Tu as peur d'un aussi petit chien, mais c'est ridicule ! »

Juger ce qu'il ressent

« Franchement, tu me déçois : tu es ridicule de pleurer parce que tu as perdu ta petite voiture rouge. »

Investir son espace émotionnel

Poser systématiquement et à tout bout de champ la question : « Qu'est-ce que tu ressens ? »

« Tu as peur ou quoi ? Eh bien, dis-moi ! »

« Comment veux-tu qu'on soit proche l'un de l'autre, si tu ne me dis jamais rien de toi ! »

« Je suis tombé par hasard sur ton journal intime. Comment as-tu pu écrire ça sur nous ? »

Laisser jaillir son émotion sans l'accompagner

Le laisser exprimer ses émotions sans lui faire prendre conscience de leur impact sur les autres ou l'environnement ni lui montrer qu'il peut réagir différemment :

« Vas-y, défoule-toi, donne des coups de pied dans la porte ! »

« Appelle Sarah, elle te consolera ! Elle a l'habitude de t'entendre te plaindre ! »

L'empêcher de vivre pleinement une expérience ou ses émotions

L'empêcher de vivre une expérience en pensant qu'il ne sera pas capable de gérer son émotion : « Je ne veux pas que tu ailles voir tante Jeanne à l'hôpital, c'est trop dur. »

L'empêcher de vivre pleinement ses émotions en le consolant trop tôt par exemple, ou en tentant de se réconcilier trop tôt : « Tu es déçu, hein ? Veux-tu un biscuit pour te consoler ? »

Ce que vous pouvez privilégier

Assumer vos erreurs

Reconnaître votre maladresse, votre manque d'empathie et vous en excuser :

« Je n'ai pas fait attention à ta douleur, et je m'en excuse. Maintenant je suis totalement présent à ce que tu vis. »

« Je suis désolé d'avoir manqué d'autant de délicatesse face à la mort de ton poisson. Qu'est-ce que je peux faire pour réparer mon erreur ? »

Vous exprimer

• Expliquer votre embarras en le justifiant ou non, affirmer votre volonté de dépasser votre problématique pour combler ses besoins émotionnels : « J'ai toujours été embarrassé face aux émotions, les miennes comme celles des autres. Pour le moment, c'est comme ça. C'est vrai que j'ai pris l'habitude d'encaisser les miennes, mais ce n'est pas la vie que je souhaite pour toi. Nos émotions font partie de notre vie. »

• Reconnaître que telle ou telle émotion vous gêne, expliquer pourquoi au besoin, donner à l'enfant la permission d'exprimer cette émotion, et affirmer votre volonté de changer pour que l'enfant sente qu'il a vraiment le droit : « Je me sens vraiment mal à l'aise quand tu rentres dans tes rages folles, et ça me concerne personnellement, je vais régler cela. Peux-tu néanmoins faire en sorte de réduire l'intensité de tes crises ? »

Le comprendre

• Reconnaître qu'à sa place, vous n'auriez pas ressenti la même chose, et pour cause ! Vous êtes deux individus différents mais que vous accueillez pleinement son émotion : « Personnellement, je ne me serais pas mis en colère parce que Léonie s'est acoquinée avec Esther… Mais nous sommes différents toi et moi, et je peux comprendre que tu te sentes blessé par sa trahison… »

• Accueillir son émotion en disant qu'effectivement elle vous a gênée sur le moment mais que vous n'aviez pas vraiment compris de quoi il retournait : « Je suis étonné de te voir aussi affligé, je n'avais pas réalisé combien cette petite voiture était importante pour toi. Veux-tu bien me dire pourquoi ? »

L'aider à grandir

• Lui permettre de contacter l'émotion liée aux conséquences de ses actes, et l'inviter à tirer un enseignement de cette expérience : « Ta grand-mère s'est sentie très peinée du fait de ton attitude. Peut-être n'as-tu pas pensé aux conséquences de tes actes sur le moment. Et maintenant, où en es-tu ? Que peux-tu faire pour réparer ton erreur ? Quel enseignement tires-tu de cette expérience ? Que feras-tu la prochaine fois ? »

• L'inviter à exprimer son émotion en respectant son intégrité physique (il balance sa tête contre le mur), psychologique (il téléphone toutes les 3 minutes à sa petite amie qui l'a laissée), relationnelle (il veut donner un coup de poing rageur au principal du collège). Dites, par exemple : « Tu as le droit de te mettre en colère et je comprends que notre décision puisse te sembler injuste, mais nous n'en changerons pas. En outre, je souhaite dîner tranquillement avec ta mère/ton père. Je te demande donc de quitter la table, de prendre un temps pour te calmer et de venir nous rejoindre quand ta colère sera passée. As-tu besoin de ma présence ou sauras-tu retrouver tout seul ton calme ? »

Partager

Manifester votre envie d'entretenir une relation enrichissante pour l'un et l'autre. Partager l'envie que vous avez de le protéger (si tel est le cas) et la responsabilité dont vous êtes investi à son égard en tant que parent. Inviter à poser des limites mutuelles :

« J'aimerais beaucoup en savoir plus sur ta vie parce que j'ai l'impression de ne plus être en phase avec toi. En même temps, j'ai conscience que tu as le droit de défendre ton intimité. Quel pas pouvons-nous faire l'un et l'autre pour nous rencontrer à nouveau ? »

L'accompagner dans la confiance

- Lui exprimer la confiance que vous avez en lui tout en l'avertissant des difficultés, lui apporter votre soutien : « Tante Jeanne ne ressemble plus à celle que tu as connue. Ce sera peut-être difficile à vivre mais je te fais confiance, tu en es capable puisque tu le veux. Je serai à côté de toi. »
- Accompagner l'enfant dans son émotion sans pour autant intervenir, c'est-à-dire sans parler ni agir mais en restant à ses côtés. On oublie trop souvent la vertu du silence… quand il ne s'identifie pas à de l'indifférence.

DE QUOI A DONC BESOIN VOTRE ENFANT ?

Des postures spécifiques à chaque âge

Un propos généralisateur sur les émotions ne peut passer sous silence que l'éducation à l'émotion est également une éducation différenciée : elle tient compte des particularités de chacun, et de l'âge aussi. Un parent catalyseur de vie traduira cette évidence par des actes.

La logique des tout-petits

Plus il est jeune, moins votre enfant met de distance entre les événements, leur interprétation et ce qu'il ressent (maturation

INFO COACH
Éduquer votre enfant à ses émotions

Vous le guiderez vers la découverte de sa vie intérieure en lui transmettant tout ce que vous avez compris au sujet de leurs émotions d'une part, et de l'autre en adaptant vos attitudes à sa maturité et à son degré d'autonomie. Vos postures lui permettront chaque fois de :

- clarifier son propre fonctionnement,
- tirer un enseignement de son expérience,
- grandir en ouverture et en conscience.

Mais vous modulerez vos attitudes en fonction de chaque âge :

- **Bébé :** résonnez avec lui, contenez ses émotions, prenez-le dans vos bras.
- **Petit enfant :** sortez progressivement de son espace émotionnel et apprenez à être le médiateur de son vécu avec des gestes et des paroles adaptés.
- **Enfant :** donnez-lui aussi des conseils pour gérer ses émotions, car il en a besoin et dites-lui que c'est votre expérience qui les dicte. Plus tard, il pourra faire le tri entre ce qui lui convient et ce qui lui est inutile.
- **Plus grand :** clarifiez avec lui son ressenti grâce à des outils ou simplement l'écoute empathique.
- **À l'adolescence :** agissez comme précédemment. De façon à ne pas générer de rébellion (« Je vais mal, mais je ne te dirai rien parce que j'ai besoin de m'opposer à toi pour grandir », « Ma vie privée ne te regarde pas et je préfère souffrir en silence plutôt que de confier quoi que ce soit. C'est ainsi que je me protège ») ou à l'inverse de renforcer une tendance à la soumission (suradaptation aux désirs de l'adulte, aux valeurs familiales). Le mieux consiste à demander : « De quoi as-tu besoin ? Veux-tu de mon aide ? En quoi puis-je t'aider ? » Assurez-le toujours de la légitimité de

son ressenti (il est juste !), particulièrement en cette période agitée où il se sent vraiment déstabilisé.

Enfin, rappelez-vous toujours que chaque enfant est différent : demandez-lui s'il préfère parler, raconter ou s'il a besoin d'être seul lorsqu'il se sent ému. Apprenez-lui, en grandissant, à devenir émotionnellement indépendant de vous (chapitre 9). Résonnez aussi avec ses émotions agréables et soutenez ses élans de joie, même si vous le trouvez exubérant. Dites-lui : « Je comprends ton excitation, mais ce que je te demande c'est de la manifester moins bruyamment. »

cérébrale). Il s'inquiète des bouleversements de son corps, de la modification de son « caractère », et surtout de la perte de contrôle qui se produit alors. Il est prisonnier de ses besoins, aux prises avec une logique qui n'appartient qu'à lui (« Dans le noir, y'a les monstres qui viennent ! », « Si papa et maman se disputent, c'est que je ne suis pas une gentille petit fille »). Il a vraiment besoin de vous.

Votre premier pas consistera à comprendre la logique qui l'amène à ressentir telle ou telle émotion. Vous serez surpris de constater que, très jeunes, les enfants se posent de bien étranges questions sur leur vie et la perception du monde. Ce n'est pas tant une réponse qu'ils attendent de vous que la légitimation de leur questionnement. Ils ont si souvent peur de ne pas être normaux (« Maman, je voudrais te confier quelque chose, il y a des jours où j'ai l'impression que papa, mes sœurs et même toi vous n'existez pas. C'est comme si j'étais seul sur terre. Et ça me fait très peur... ») !

COMMENT RÉPONDRE À SES BESOINS ?

Les questions à se poser

Trop de malentendus se produisent du seul fait que le parent ne comprend pas la demande réelle de son enfant. La réponse parentale même éperdue d'amour et de bonne volonté demeure donc inadaptée au besoin réel.

Le canevas suivant vous aidera dans votre démarche d'investigation. Vous vous demanderez :

- **Quelle émotion submerge mon enfant ?** : « Léah est renfrognée ce soir. Est-elle triste ou en colère ? »
- **Quel message exprime mon enfant ?** : « La colère de Léah est liée à sa mauvaise note en philo attribuée par un prof qui "note à la tête du client". »
- **Quel est son besoin actuel ?** : « Elle veut que je l'écoute dire tout le mal qu'elle pense de cet "ignoble" bonhomme, mais aussi que cette injustice soit dénoncée. »

Odile, 32 ans : « Vous allez vous calmer, tous les deux... »

- C'est la rentrée. Laurie et Maxime pleurnichent sur le chemin de l'école. Odile, leur maman, est excédée : « Vous allez vous calmer tous les deux !... Est-ce que vous voulez un goûter ? » Non, ils ont l'estomac complètement noué ! En fait ils ont besoin d'être écoutés, compris et rassurés. Car ils ont peur... de cette nouvelle maîtresse dont ils ignorent si elle est « gentille » ou « méchante ».

Quelle réponse apporter ?

Différencier besoin et envie

Cette dernière question est particulièrement importante, car vos enfants, surtout s'ils sont jeunes et habitués à obtenir tout ce qu'ils veulent, peuvent faire de véritables crises de rage parce qu'ils sont incapables de vivre une frustration. La satisfaction d'un besoin est nécessaire à la survie de la personne ou à son équilibre (physique, psychique). Une envie (de bonbons, de glace, du dernier jeu sur ordinateur, etc.), si elle n'est pas satisfaite, passera une fois la frustration acceptée.

La frustration, un sentiment nécessaire

Si votre enfant, jeune ou beaucoup moins jeune, se roule par terre ou claque la porte en furie, maintenez le cap. Ne cédez pas, et dites-vous que vous lui rendez un sacré service : vous lui apprenez à vivre la frustration ! Si votre fille veut une énième pièce à son opulente garde-robe, reconnaissez son véritable besoin : se sentir belle, être admirée et bien entendu aimée de vous. Dites-lui : « Je sens bien que tu es déçue de ne pas acheter cette robe, et que tu te trouvais très belle en la portant. Tu es tout aussi jolie avec ta jupe rose à volants, et je me réjouis, avec ton papa, de te regarder vivre parce que tu es une petite fille merveilleuse. »

Et surtout agissez en amont en apprenant très tôt à distinguer le besoin de l'envie. Expliquez-leur la différence entre l'un et l'autre. Habituez-les à ressentir très physiquement l'envie non satisfaite : elle « passe », et eux en acceptent « sereinement » le désagrément induit (avec de l'entraînement !). Leur personnalité s'affirme alors en s'éloignant de la dépendance de l'envie.

Mon enfant a-t-il demandé que je comble son besoin ?

Adaptez la formule à chaque âge. Si vous pensez à vous poser cette question, vous permettrez vraiment à votre enfant de s'épanouir car vous le sensibilisez d'une part au fait qu'il a des besoins, que ceux-ci doivent être satisfaits. Mais d'autre part, qu'il a le choix entre les satisfaire lui-même (il a besoin de se défouler, il a besoin de pleurer un bon coup) ou avec l'aide d'une autre personne (il a soif, faim, il veut un câlin), à condition bien entendu qu'il y ait une demande.

Geoffroy, 17 ans : « Je veux digérer seul ma souffrance... »

● Geoffroy a vécu une forte passion pour Clémentine. Elle vient de rompre pour un autre ! Il broie du noir. Ses parents, inquiets, tentent de le consoler. Il les repousse : « Je n'ai pas besoin de votre pitié. Je veux digérer seul ma souffrance. » Il a besoin de solitude pour être en contact avec son amour et entamer son deuil.

Lui poser les bonnes questions

Invitez-le à faire sa demande en lui posant les questions suivantes :

- « Que veux-tu ? »
- « De quoi as-tu besoin ? »
- « As-tu besoin de mon aide ? »
- « Es-tu en mesure de combler seul ton besoin ? »

Vous lui répondrez bien entendu favorablement dans les premières années de sa vie, mais plus il grandira, plus il sera nécessaire de le responsabiliser face à la satisfaction de ce besoin. Toutefois, sachez chaque fois écouter avec votre cœur et entendre au-delà de la demande, car un besoin peut en cacher un autre. Les deux dernières questions vous éviteront de jouer au pompier sans qu'il y ait de feu.

Comprendre les émotions du bébé

Plus votre enfant est jeune, plus il faudrait que vous soyez attentif aux besoins qui se cachent derrière ses émotions. La solution la plus sûre face à un nourrisson consiste à entrer totalement en vibration avec lui, par le regard et le contact de peau à peau. Père ou mère, prenez-le contre vous, bercez-le, parlez-lui doucement.

COMMENT L'AIDER À VERBALISER SES ÉMOTIONS ACCUMULÉES ?

Une colère profondément enfouie

Attention à l'accumulation silencieuse

Même si vous avez agi au mieux, vos enfants ont accumulé colères et rancœurs à votre encontre. Un petit compteur à l'intérieur d'eux-mêmes a comptabilisé tout ce que vous leur avez fait… ou pas fait… De la part de gâteau qu'ils n'ont pas eue à la gifle qu'ils ont reçue… Les colères rentrées contre les parents sont immenses, et d'autant plus violentes que votre enfant a été le champion de la sur-adaptation à vos désirs ou ce qu'il a fantasmé de vos désirs (« J'oublie qui je suis, mes besoins, mes envies pour me conformer aux demandes de mes parents »). Et à l'adolescence, ils ouvrent les vannes !

Aidez-le à se libérer

Permettez-leur de s'en libérer en mettant ces rancœurs par écrit et proposez-leur de vous en faire part ensuite. S'ils sont certains que vous ne vous fâcherez pas et que vous ne leur en tiendrez pas rigueur, ils se prêteront au jeu. Donnez-leur cette chance, vous leur éviterez bien des heures de macération intérieure. Mais soyez prêt, car il n'est pas toujours facile de s'entendre dire certaines vérités !

Hippolyte, 16 ans : « Quand ils se la jouent "intellos"... »

« Voici mes grands sujets de colère : quand l'on s'occupe tout le temps de mon avenir, quand mon père et ma mère se la jouent "intellos" sur un sujet qui me casse les pieds : travail, respect, devoirs, développement durable, quand ils ont des préjugés sur mon comportement et qu'ils veulent toujours donner une explication liée à l'adolescence, quand ils croient que je suis un ado à 100 %, lorsqu'on parle de moi à d'autres sans me demander mon avis, tout en essayant d'être drôle et de passer pour un parent idéal, le fait de m'obliger à faire des choses que je ne veux pas faire et alors que je suis occupé à autre chose, d'être traité comme l'esclave de la famille (un portable à paramétrer, la maquette du dinosaure de mon frère à monter, une console à débloquer). »

Quelles sont les grandes peurs héritées de la petite enfance ?

Un poids qui l'encombre

Vos enfants peuvent voir leurs potentialités complètement réduites du fait de grandes peurs qui les animent. Peur de ne pas être à la hauteur, peur du jugement d'autrui, peur du manque, peur du conflit, peur de perdre l'amour de l'autre, peur d'être envahi, peur d'être privé de liberté, peur de l'abandon, peur de l'intimité, etc. Généralement, ces peurs se sont imprimées dans la toute petite enfance, quand l'enfant n'a pas une maturité cérébrale suffisante pour relativiser une expérience.

Mettre des mots sur l'émotion

La démarche consiste à se demander chaque fois : « Que peut-il m'arriver de pire si je… suis maladroit et me couvre de ridicule (par exemple) ? Quelles sont les ressources dont je dispose pour y faire face ? Qu'est-ce que je décide ? » Souvent, de telles peurs disparaissent quand on apprend à dire ce que l'on ressent avec le message « je » : on met l'émotion en « mots ».

En permettant à vos enfants d'exprimer leurs ressentis et de demander la satisfaction de leurs besoins, vous leur offrez de se construire et nouez avec eux une relation toujours plus riche de sens.

OUTIL JEUNE *
Le message « je »

- ***Quand :*** *chaque fois qu'il est important d'exprimer une émotion.*
- ***Pourquoi :*** *pour respecter son vécu et le sens de la vie.*
- ***Comment :*** *en adaptant le ton à l'émotion mais aussi au contexte ! En se posant cette question : est-ce que cette personne est capable d'entendre ce que j'ai à lui dire ? Sinon, on peut tout de même choisir de s'exprimer ainsi en ne s'attendant pas forcément à être entendu. C'est le risque de la vie, un risque qu'il est bon de s'habituer à prendre !*
- ***Quel âge :*** *à partir de 5 ans, en adaptant.*

Si vous-même l'utilisez, vous n'aurez pas besoin de le lui apprendre.

« Quand tu dis cela (ou fais cela)… » □ ***Comportement de la personne***

« Ce que je ressens c'est… » □ ***Émotion de votre enfant***

« Et j'ai l'impression que... » □ ***Interprétation de votre enfant***
« Ce dont j'ai besoin/envie c'est que... » □ ***Besoin actuel de votre enfant***
« Et ce que je te demande, c'est de... » □ ***Demande de combler le besoin***
« Est-ce que tu es d'accord ? » □ ***L'avis de la personne est sollicité***

Par exemple, Thérèse a dit :
« Quand papa et toi vous vous disputez trop fort,
ce que je ressens, c'est une peur immense que vous vous entretuiez.
Et j'ai l'impression que je ne compte plus pour vous.
Ce dont j'ai besoin, c'est de grandir dans le calme, aimée de vous deux.
Et ce que je vous demande, c'est de ne pas vous disputer devant moi.
Est-ce que vous êtes d'accord ? »

11

Le message de ses émotions

LES GRANDES ÉMOTIONS QUI LE SUBMERGENT

Pour comprendre réellement la signification de ce qui se passe en lui et donner une réponse adéquate à l'événement, votre enfant aura besoin d'apprendre à reconnaître les émotions qui l'envahissent, mais aussi à distinguer comme vous-même avez appris à le faire une émotion « vraie » d'une émotion « élastique », une émotion « authentique » d'une émotion « racket ». Apprenez-lui aussi à décoder le message de l'émotion qui l'assiège, vous nourrirez sa curiosité et le soulagerez : il comprendra que sa petite vie de tous les jours a un sens.

La colère

Que signifie-t-elle ?

La colère va de pair avec la frustration. Elle indique que votre équilibre est mis à mal, que votre identité n'a pas été respectée, que vos valeurs ont été transgressées. Elle manifeste l'insatisfaction et s'applique à la cause de la rupture de l'équilibre ou à ce qui fait obstacle. Quand elle n'est pas ressentie, vous ne vous protégez pas. Vous envoyez le signal que les autres peuvent transgresser impunément vos limites. Trop de colère refoulée peut ainsi dégénérer en dépression. Attention à ne pas retourner la colère contre soi (« Je n'ai qu'à m'en prendre à moi-même ») ou au contraire à ne pas accuser les autres de tous les maux. Intervenez *illico presto* si vous observez que votre enfant use de ces comportements.

OUTIL JEUNE *
Questions sur la colère

- ***Quand :*** *chaque fois que l'émotion se présente.*
- ***Pourquoi :*** *pour décoder le message et prendre de la distance.*
- ***Comment :*** *seul dans sa tête, ou sur le papier, ou encore avec l'aide du parent.*
- ***Quel âge :*** *dès que votre enfant est en mesure de répondre aux questions.*

- À propos de quoi suis-je en colère ?
- Suis je en colère contre quelqu'un ou moi-même ?
- Quel but est-ce que je poursuis en nourrissant cette colère ?
- Que se passera-t-il si je cesse d'être en colère ?
- Quelle est la zone d'influence sur laquelle je peux agir pour éviter que la situation à propos de laquelle je suis en colère ne se reproduise ? Puis-je réagir autrement si cela est impossible ? Quels en seraient les avantages et les inconvénients ?
- Quel est le bénéfice secondaire de ma colère ? Comment le satisfaire autrement ?

Comment s'exprime-t-elle ?

La colère invite à rétablir l'équilibre, à transformer l'insatisfaction en satisfaction. Le piège étant, sous l'empire de la colère, de passer trop vite à l'action, ou bien de ne pas exprimer la colère à la personne contre laquelle vous l'éprouvez (déplacement). C'est le cas d'Ursula qui, après avoir subi une série de piqûres, est très en colère contre le médecin car elle a terriblement souffert. Comme elle ne peut se permettre de l'agresser, elle pince sa mère... Il est indispensable de rompre la séquence : colère – action et de prendre le temps de la réflexion. Un *punching ball* peut aider, ou bien un dessin par exemple !

Comment réagir face à la colère ?

Contenir l'enfant s'il risque de se faire mal en se tapant la tête contre les murs, le serrer très fort dans ses bras si l'on sent qu'il perd complètement pied. Plus tard, demandez-lui d'aller exprimer sa colère dans un autre endroit et de revenir quand il se sera calmé. Évitez de vous mettre en colère à votre tour et attendez qu'il soit redevenu calme pour « parler » de ce qui s'est passé. Si vous savez que votre enfant met 1 heure, à 10 ans, pour sortir de ses colères, alors, prenez le taureau par les cornes. Dites-lui : « Je comprends que tu te sentes en colère », « Ce n'est vraiment pas bien la façon dont ils se sont comportés avec toi ». Ne condamnez pas sa colère, ne la déconsidérez pas. Emmenez-le dans un endroit calme, demandez-lui de se concentrer sur sa respiration, de diminuer son débit, de baisser le ton... Discutez alors avec lui. Servez-vous des outils que vous avez vus précédemment.

La tristesse

Que signifie-t-elle ?

La tristesse indique que vous avez perdu quelqu'un ou quelque chose. Vous vivez un manque. Quand il s'agit d'une mort réelle, vous passez par les différentes phases du deuil (déni, colère, marchandage, tristesse, acceptation). Cette tristesse peut provoquer des sensations physiques importantes, allant jusqu'à ressentir des douleurs intercostales, « un trou » dans le ventre, etc. Les enfants se sentent particulièrement démunis face à la tristesse : du fait de leur maturité affective inachevée, ils sont en contact avec un sentiment de vulnérabilité presque insoutenable.

OUTIL JEUNE *
Questions sur la tristesse

- ***Quand :*** *chaque fois que l'émotion se présente.*
- ***Pourquoi :*** *pour décoder le message et prendre de la distance.*
- ***Comment :*** *seul dans sa tête, ou sur le papier, ou encore avec l'aide du parent.*
- ***Quel âge :*** *dès que votre enfant est en mesure de répondre aux questions.*

– À propos de quoi suis-je triste ?
– Qu'est-ce qui me manque ?
– Que se passerait-il si je n'étais pas triste ?
– Qu'est-ce que j'aimerais à la place d'être triste et qu'est-ce que ça me permettrait de faire ?
– Quelles sont les ressources dont je dispose et qui me permettraient de combler ce manque ?
– Quel est le bénéfice secondaire à ma tristesse ? Comment le satisfaire autrement ?

Comment s'exprime-t-elle ?

Elle s'exprime par des pleurs, de l'apathie mais aussi, quelquefois, par une grande agitation quand notre enfant a peur de ressentir sa tristesse. Souvent, cette émotion étant insupportable, il la transforme en colère, notamment quand il a pour croyance : « Je suis fort » (sous-entendu : je suis triste = être faible, mais je suis en colère = être fort).

Comment réagir face à la tristesse ?

Votre enfant est triste et vous allez respecter cette émotion désagréable même si elle vous rend malade. Il se peut qu'il vous demande de le prendre dans ses bras, même adolescent. Attention cependant, certains enfants ont vraiment du mal à quitter cette tristesse. En soi, elle n'est ni bonne ni mauvaise, sauf quand ils s'enlisent. Vous trouverez ci-dessous un outil qui pourra vous être utile. N'hésitez pas à avoir recours à un professionnel si vous êtes trop inquiet.

OUTIL JEUNE *

Le plein d'énergie

• ***Quand :*** *quand le jeune traverse une période difficile ou en cas de déprime passagère.*

• ***Pourquoi :*** *pour que le jeune prenne conscience de ses ressources et acquière d'autres habitudes mentales.*

• ***Comment :*** *seul ou avec son parent, dans un endroit calme.*

• ***Quel âge :*** *à partir de 5 ans, en adaptant le vocabulaire et en aidant l'enfant qui ne sait pas lire. En général, plus votre enfant est jeune, plus il aime que vous fassiez des choses avec lui. À l'adolescence, soit il aimera partager avec vous, soit il voudra le faire seul (intimité), soit la seule idée de remplir des lignes le renverra à l'univers scolaire. Proposez-lui comme alternative de prendre l'habitude de noter sur un petit bout de papier quelles sont ses ressources.*

1. Installe-toi confortablement, seul ou avec ton allié, c'est-à-dire la personne que tu as choisie pour t'aider à traverser ce moment difficile (père, mère, marraine, grand frère, etc.).

2. Ouvre ton LIVRE DE VIE.

3. Écris sur une page vierge : LE PLEIN D'ÉNERGIE.

4. Organise tes rubriques en laissant de la place entre elles :

Énergie n° 1 *- Ce qui me rend heureux maintenant c'est... mon environnement ! Quoi précisément :*

....

Énergie n° 2 *- Les gens que j'aime vivent... dans mon cœur ! Qui précisément :*

....

Énergie n° 3 *- Les gens qui m'aiment... réchauffent mon cœur ! Qui précisément :*

....

Énergie n° 4 *- Ma priorité va... à mes centres d'intérêt ! Lesquels :*

....

Énergie n° 5 *- Mes espérances vont... vers mon futur ! Mon futur :*

....

Énergie n° 6 *- Mon enthousiasme soulève... des montagnes !*
Ce que je veux améliorer sur la terre :

....

Quelles sont les actions que je peux mener dès demain ?

....

Quel est le bénéfice que je retire de cette participation active pour moi ?

....

Pour les autres ?

....

Les générations à venir ?

....

5. Devant chaque rubrique, fais un dessin qui la représente, par exemple un cœur devant « Les gens que j'aime ».

6. Et maintenant, ferme les yeux. Détends-toi. Laisse venir à toi tout ce qui te nourrit et te remplit d'énergie.

7. Pense régulièrement à tes petits symboles dans la journée, que tout aille bien ou non.

La peur

Que signifie-t-elle ?

La peur vous indique que vous êtes en danger, soit psychologique, soit physique. Vous devez impérativement l'écouter une fois que vous avez fait le tri entre ce qui venait du passé (élastique) et ce qui est présent (vrai). De même, vous aurez soin de démêler ce qui relève de la peur authentique et de la peur fantasmée. Le statut de la peur est à part : cette émotion se trouve souvent à l'origine de notre personnalité (peur d'être abandonné, peur d'être rejeté, peur de ne pas trouver sa place, peur d'être envahi, peur de la souffrance, peur d'être ridicule, peur d'être trahi, peur d'être manipulé, etc.). Apprenez à vos enfants à la dépasser sans être paralysés par elle.

Comment réagir face à la peur ?

Tant que nos enfants sont jeunes, nous leur apprendrons à apprivoiser leurs peurs. Votre fils a peur de se baigner dans la mer ? Cherchez à comprendre ce que représente la mer pour lui, ce qui lui fait peur exactement. Habituez-le progressivement, ne le ridiculisez ni ne le forcez jamais.

Il est primordial que vos enfants mettent leurs peurs à distance, par exemple grâce à l'écran de cinéma (chapitre 12), ou qu'ils les traversent pleinement (épanouissement émotionnel : chapitre 12). Enfin, les ancres de confiance en soi ou de courage seront particulièrement efficaces les matins d'interrogation, d'examen ou de déclaration d'amour.

OUTIL JEUNE *
Questions sur la peur

• ***Quand :*** *chaque fois que l'émotion se présente.*
• ***Pourquoi :*** *pour décoder le message et prendre de la distance.*
• ***Comment :*** *seul dans sa tête, ou sur le papier, ou encore avec l'aide du parent.*
• ***Quel âge :*** *dès que votre enfant est en mesure de répondre aux questions.*

– À propos de quoi ai-je peur ?
– Le danger qui me menace est-il réel ou fantasmé ?

S'il est réel : *dois-je fuir ou contre-attaquer ? Comment puis-je le diminuer, le supprimer ou l'éviter ? Quelles sont les options possibles ?*

S'il est fantasmé : *qu'est-ce qui me fait dire qu'il est imaginaire ? Quelle stratégie mentale j'utilise pour avoir peur (images internes, dialogues internes, images externes) ? Comment puis-je remplacer une des séquences par une autre pour briser la chaîne ?*

– Quelles sont les situations où je nourris une peur similaire ? Quels points communs ont-elles ?
– Quelle signification donner à cette peur ? Comment je l'alimente ?
– Que se passerait-il si je cessais d'avoir peur ?
– Si je n'avais pas peur, que ferais-je ?
– Quel bénéfice secondaire m'apporte cette peur (avantage inconscient) ?
– Comment le satisfaire autrement ?

Une ancre est une connexion neurologique entre un stimulus (la madeleine, par exemple) et une représentation interne (souvenir : la madeleine me connecte à mon enfance comme dans le roman de Proust). À un moment de notre histoire, le stimulus a été associé aux événements qui ont engendré cette représentation interne. Il suffit que le stimulus réapparaisse dans la vie de la personne pour que la représentation et les états internes associés soient activés. C'est ce processus-là que vos enfants vont reproduire. Ils retrouveront, grâce à une expérience vécue, un état interne ressource (confiance en soi, sérénité), lui associeront un geste et reproduiront ensuite ce geste pour ressentir l'état ressource quand le besoin se fait sentir.

Permettez à vos enfants d'avoir une ancre à activer en situation de peur, à condition bien entendu de respecter le message de l'amygdale et de ne pas se mettre inutilement en péril. En moins de 5 minutes, vous leur faites un cadeau pour la vie.

L'anxiété

L'anxiété est très répandue chez les enfants, particulièrement en milieu scolaire où ils veulent réussir pour faire plaisir à leurs parents, comme s'ils en espéraient alors plus d'amour. À l'adolescence, ce sont les divers chamboulements, la peur de ne pas séduire le sexe opposé, ou de ne pas être accepté par les pairs, les relations conflictuelles avec les parents qui génèrent l'anxiété. Une émotion à ne pas prendre à la légère ! Car elle entraîne paralysie, somatisation ou usage de narcotiques.

Que signifie-t-elle ?

Un mot sur l'anxiété, ce sentiment de peur diffuse qui porte en général sur le présent et l'avenir de votre enfant, gaspillant inutilement ses forces et lui gâchant la vie. Soit l'anxiété de votre enfant :

OUTIL JEUNE *
L'ancre de courage

• ***Quand :*** *quand votre enfant a peur face à une échéance qui, pour lui, est importante.*

• ***Pourquoi :*** *pour lui permettre de se montrer courageux en accomplissant ce qui est bon pour lui.*

• ***Comment :*** *seul ou avec l'aide du parent ; en installant cette ancre au préalable et en la testant. La refaire autant de fois que nécessaire : une ancre ne s'annule pas, elle se renforce.*

• ***Quel âge :*** *dès 5 ans.*

1. Expliquez-lui ce qu'est une ancre.

2. Demandez-lui de choisir un geste *qu'il pourra faire en toute discrétion (croiser les mains, serrer discrètement le poing droit). Il s'agit du geste de confiance en soi.*

3. Invitez-le à retrouver une expérience *où il s'est montré particulièrement courageux (sport, musique, école).*

4. Demandez-lui de fermer les yeux et de ressentir l'état de confiance *dans lequel il se trouvait alors. Qu'il vous le raconte, les yeux toujours fermés.*

5. Demandez-lui d'activer son geste de courage *et de rouvrir les yeux.*

6. Testez l'ancre maintenant : *demandez-lui de faire son geste de confiance. Ressent-il alors l'état de confiance l'envahir ?*

7. Demandez-lui maintenant d'activer son ancre *et de fermer les yeux. Il imagine alors la situation dans laquelle il l'activera (interro, examen) et ressent l'état interne de confiance dans ce contexte précis.*

8. Une fois qu'il aura ouvert les yeux, *vous lui demanderez : « Comment te sens-tu maintenant ? »*

- Reflète la vôtre (vous êtes anxieux et le montrez).
- Exprime la vôtre (vous êtes anxieux, mais tentez de le cacher).
- Est liée à une expérience traumatisante et non assimilée.
- Vient des exigences que vous faites porter sur lui.
- Traduit un manque de sécurité : incertitude des conditions matérielles, votre propre imprévisibilité (caractère colérique), ou votre versatilité (Jean qui pleure et Jean qui rit).
- Provient des exigences qu'il se fixe lui-même : va-t-il y arriver ? Il fixe la barre très haut. Cette problématique particulière trouve sa résolution dans le chapitre suivant.

Comment aider mon enfant à lutter contre l'anxiété ?

L'anxiété étant une émotion désagréable, voire paralysante, il convient d'en comprendre le message, de combler le besoin et de cultiver la sérénité en permettant à vos enfants de bouger, de faire du sport, d'activer l'ancre de confiance en soi et surtout de se relaxer. Le yoga est parfois une excellente chose. Adapté aux enfants, il est franchement ludique. Il leur apprend à prendre conscience des liens entre leurs pensées, leur corps et leurs émotions. Les musiques « zen » (flûte, gargouillis d'eau, chants d'oiseau) calment tout le monde ou presque...

OUTIL JEUNE *
Ma relaxation

- ***Quand :*** *quand l'enfant est anxieux, qu'il a des difficultés à s'endormir, le trac pour une épreuve.*
- ***Pourquoi :*** *pour apprendre à se relâcher, diminuer le niveau de l'anxiété et disposer de toutes ses ressources.*
- ***Comment :*** *en le guidant quand il est jeune et en l'invitant à répéter l'exercice seul ; les jeunes très actifs ont plus de difficulté à tout relâcher, une relaxation leur fait pourtant le plus grand bien.*

• ***Quel âge :*** *dès 5 ans.*

1. Je m'installe au calme *dans un endroit où je me sens en sécurité.*

2. Je m'allonge confortablement. *Je peux mettre une musique relaxante si je le souhaite.*

3. Je détends mes muscles un à un *en pensant à chacun d'eux en même temps que je relâche ma tension. Je respire le plus calmement possible.*

4. Une fois que je me sens bien détendu, j'inspire lentement de l'air en gonflant mon ventre. *Je peux mettre mes mains dessus pour bien sentir le mouvement abdominal.*

5. Je retiens ma respiration quelques secondes sans m'épuiser.

6. J'expire le plus lentement possible en vidant mes poumons *à fond et en creusant mon ventre.*

7. Je reste quelques secondes poumons vides, *sans m'épuiser et j'inspire à nouveau.*

8. Je répète l'opération autant de fois que nécessaire *et lorsque j'ai terminé mon temps de relaxation, je constate ce qui s'est modifié en moi (physiquement, mentalement, émotionnellement). Je me lève doucement pour ne pas être pris de vertiges.*

9. Dans la journée, je pense à respirer au moins trois fois *pendant 5 minutes comme je l'ai appris.*

10. Je peux « ancrer » l'état interne de calme et de sérénité *auquel je goûte (je fais un geste pour m'en souvenir) et m'en servir quand j'en ai besoin (école, maison, entretien de stage).*

La honte et la culpabilité

Que signifient-elles ?

La honte est une émotion mixte signifiant que vous avez transgressé les normes ou les standards d'un groupe, ou que ce groupe nous a déjugé. Parfois, ce jugement n'a pas été réellement émis mais néanmoins, vous vous êtes senti réellement humilié, et l'expression « j'étais mort de honte » est, à cet égard, signifiante.

La culpabilité nous indique que nous avons commis une erreur envers autrui et que nous nous sentons fautifs. Parfois, cette culpabilité n'a pas lieu d'être car nous ne sommes pas réellement responsables.

Comment aider mon enfant à les supporter ?

La honte, comme la culpabilité, sont des émotions difficiles à vivre qui blessent profondément les enfants, souvent déstabilisés ou humiliés à tort. Si votre enfant a été victime d'une humiliation importante, aidez-le à demander si possible réparation (excuse, sanction). Si lui-même s'est rendu coupable d'une mauvaise action, exigez qu'il apporte réparation ou bien qu'il présente ses excuses à la personne concernée (vol, insultes). Néanmoins, évitez toute situation excessive où son sentiment de honte augmenterait.

En donnant à nos enfants une éducation émotionnelle, vous leur apprenez à devenir véritablement acteurs de leur vie et à mobiliser leurs ressources en toutes circonstances. Quel viatique vous leur offrez là !

OUTIL JEUNE *
La honte et la culpabilité

Quand : *chaque fois que l'émotion se présente.*

Pourquoi : *pour décoder le message et prendre de la distance.*

Comment : *seul dans sa tête, ou sur le papier, ou encore avec l'aide du parent.*

Quel âge : *dès que votre enfant est en mesure de répondre aux questions.*

La honte :

– Est-ce que j'ai envie d'appartenir à ce groupe qui m'a jugé ?

– En quoi son jugement est-il important pour moi ou non ?

– Cette condamnation sociale a-t-elle été réelle ou l'ai-je fantasmée ? Dans ce dernier cas, ne serait-ce pas une partie de moi qui voudrait me juger ?

La culpabilité :

– En quoi suis-je responsable ?

– Si ma responsabilité est réellement établie, que puis-je faire pour réparer ?

– Si je n'ai pas créé volontairement de tort, quelle est la partie de moi qui me condamne ? Que veut-elle me dire ? Comment puis-je me réconcilier avec elle ?

OUTIL JEUNE * *
Survivre à la honte

• ***Quand :*** *quand le sentiment de honte ne disparaît pas.*

• ***Pourquoi :*** *pour découvrir le véritable message de la honte et retourner à la vie.*

• ***Comment :*** *attention ! La honte signale parfois un manque d'adaptation sociale. Soit notre intelligence sociale n'est pas développée, soit nous sommes vraiment dans un fonctionnement*

égocentrique et nous ne percevons pas les signaux des autres, soit nous avons une éthique qui choque les autres (mensonges, tricherie, vulgarité, vol, etc.).
• ***Quel âge :*** *dès le primaire.*

Suivons l'exemple de Patrick :

1. Je retrouve une expérience où je me suis senti honteux.

....

PATRICK : « Mon prof de maths m'a fait passer au tableau, et mes ongles étaient noirs. Il m'a regardé en me demandant si j'étais en deuil ! Toute la classe s'est esclaffée. Je ne savais plus où me mettre. »

2. Je décris cette expérience en identifiant :
– Les critères qui n'ont pas été respectés.

....

PATRICK : « C'est vrai qu'on prend des risques à arriver en classe avec des ongles sales… Faut-il pour autant que les autres se moquent ? »
– La réaction des autres.

....

PATRICK : « Le prof me regardait avec un sourire sadique, et les filles se marraient de me voir rougir. »
– Ma propre réaction : sensation, ressenti, comportement…

....

PATRICK : « J'avais envie de disparaître, j'étais comme une pivoine et je n'ai pas pu articuler un mot audible. Le prof m'a renvoyé à ma place. »
– Le ressenti et les réactions qui en ont résultés.

....

PATRICK : « Je me repasse la scène en boucle. Je me dis : "Pauvre débile ! T'es la risée des autres. Aucune fille ne voudra plus sortir avec toi.". »

3. A qui appartiennent réellement le standard ou la norme que je n'ai pas respectés ? Est-ce que ce standard est conforme à mes valeurs ?

Patrick : « À la société en général. À l'école. On n'a pas à être sale. »

4. Quels sont les enseignements que je tire de cette expérience ? Qu'est-ce que je décide de changer et de conserver ?

Patrick : « Je ferai attention, la prochaine fois, à ne pas m'exposer comme ça mais surtout à renvoyer ceux qui se moquent à eux-mêmes ! C'est quand même pas bien malin de mettre la honte à quelqu'un simplement parce qu'il a bricolé une mobylette ! Je dénoncerai ça la prochaine fois ! Oui ! Je m'exprimerai ! »

5. Quel est l'événement que je n'ai pas complètement vécu et qui se rappelle à moi ? Que puis-je faire pour le vivre une bonne fois pour toutes ?

Patrick : « Quand j'étais gamin, j'avais une petite voisine qui cherchait toujours à m'humilier. »

6. J'élimine maintenant mon sentiment de honte (écran de cinéma (chapitre 12) en maintenant d'un côté l'ancre de honte, puis l'ancre ressource (confiance en soi, sentiment de sa propre valeur).

Patrick : « Je me suis souvenu du jour où j'ai reçu les félicitations pour le brevet de secourisme comme expérience ressource pour l'ancre. Maintenant, je ne suis plus mal à l'aise quand je me repasse le film des "ongles en deuil". »

7. Je me projette dans le futur avec mon nouveau comportement et mon ressenti dans une situation similaire.

PATRICK : *« Je me vois en train de rester bien sûr de moi et de me défendre si quelqu'un se moque de moi. »*

APPRIVOISER SES ÉMOTIONS

Savoir les identifier

Identifier ses émotions, c'est avant tout les sentir. Un enfant a donc besoin de savoir, tout jeune déjà, vivre en présent intérieur ou en présent réceptif (chapitre 9) : il lui faut à la fois intégrer qu'il y a quelqu'un à l'intérieur de lui qui a des besoins, des idées, auxquelles il croit dur comme fer. Généralement, si vous vous êtes vous-même positionné en parent catalyseur de vie, si vous lui avez permis de se construire à l'intérieur d'un espace de soi bien défini, il saura vivre en présent intérieur : il se plaira en sa propre compagnie et s'observera volontiers.

Ensuite, il vous faudra développer sa capacité à sentir à l'extérieur de lui. Apprenez-lui le goût de la vie, de ces choses toutes simples qui seront toujours là pour lui (le vent, un coucher de soleil, etc.). Apprenez-lui à respecter ses besoins, à sentir bouger son corps, proposez-lui des activités où il est à la fois obligé de s'associer et de se dissocier de ses émotions. Choisissez en fonction de ses goûts et des vôtres.

Apprendre à les nommer

Un exercice de tous les jours

Très jeune, vous pourrez apprendre à votre enfant à nommer ses émotions en nommant les vôtres (« Je suis heureuse d'être avec toi ») et les siennes (« Je constate que tu es en colère », quand il lance sa cuillère du haut de sa chaise haute]. Profitez des nombreuses possibilités qui s'offrent à vous : regardez avec lui des dessins animés [ou plus tard une série B à la télé], et commentez : « Oh, le petit ours, il a vraiment l'air triste ! » Plus il grandira, plus vous lui offrirez l'opportunité de définir lui-même son émotion : « J'ai l'impression que tu es triste, je me trompe ou... ? », ou carrément sans induire : « Qu'est-ce qui se passe ? », « Tu te sens comment ? », « Il y a quelque chose qui ne va pas ? ». Enfin, aidez-vous de l'outil présenté ci-dessous.

Facile comme un jeu de cartes

Les cartes représentent un astucieux support, comme les dessins, pour favoriser l'expression des émotions sans que trop d'implication personnelle ne s'y glisse.

Et surtout, s'il rentre de l'école en disant : « P'pa, c'est sûr, le directeur, il m'aime pas ! », ne lui répondez pas : « N'importe quoi mon chéri ! », ou bien : « Allons, tu te fais des idées mon poussin adoré », car le « poussin adoré » a bel et bien ressenti quelque chose de juste.

Se réconcilier avec ses émotions

Expliquez à vos enfants que les émotions sont leurs alliées à condition qu'ils les apprivoisent. De fait, beaucoup d'entre eux en contrôlent l'accès : ils en ont peur et se contractent, créant ainsi des complexes émotionnels. L'émotion ne s'épanouit pas, elle est compressée, son énergie stagnant à l'intérieur d'eux-mêmes. L'élan vital en prend un sacré coup ! À l'autre bout de la chaîne, ce n'est plus le développement de l'émotion à l'intérieur d'eux-mêmes qu'ils redoutent mais son expression : « Qu'est-ce qu'on va penser de moi ? Qu'est-ce que ça va avoir comme conséquences ? » Là encore, un bouchon se forme.

OUTIL JEUNE *
Le jeu de cartes

• **Quand :** *quand le jeune a des difficultés à identifier ses émotions, à les nommer et à les exprimer.*

• **Pourquoi :** *pour lui permettre de se familiariser avec les différentes émotions et d'apprendre à les exprimer.*

• **Comment :** *en découpant des cartes sur du carton et en établissant 3 types de cartes (vous pourrez les agrémenter de dessins avec vos enfants) :*

une première série figurant une situation normale qui définit les conditions de vie du personnage (habitat, parents, enfants, âge, etc.) ;

une deuxième série présentant un élément perturbateur positif comme négatif (une petite catastrophe survient, un entretien à passer, un mariage se prépare, etc.) ;

une troisième série représentant une émotion à exprimer par le personnage (joie, colère, peur, tristesse, honte, etc.).

Le jeu consiste à inventer chaque fois un scénario à partir des cartes données, où le jeune et vous-même puissiez exprimer l'émotion avec les mots qui vont avec.

• **Quel âge :** *tout jeune, dès que l'enfant comprend le jeu, même s'il ne sait pas lire.*

1. Distribuez 3 cartes à chacun des joueurs.

2. Chacun réfléchit au scénario qu'il va mettre en place et à la façon la plus adaptée pour exprimer l'émotion (gestes et mimiques sont les bienvenus).

3. Chacun raconte son histoire.

4. Ensuite, chacun des joueurs commente le jeu des autres et donne une piste pour améliorer l'expression de l'émotion (pas assez d'intensité, trop d'intensité, pas suffisamment corporelle, etc.).

Apprenez donc à vos enfants que la vie s'équilibre entre « les entrées » et « les sorties » de flux d'énergie ; que l'énergie émotive circule du dehors [l'environnement] vers le dedans [la personne], et vice versa : peu importe le sens. C'est la circulation qui compte, et ce qui en découle.

12

Donnez-lui les moyens de l'harmonie

QUATRE FAÇONS DE BIEN VIVRE SES ÉMOTIONS

Existe-t-il une seule et unique façon de vivre intelligemment ses émotions ? Tout dépend de la situation (enjeux, personnes concernées, conséquences prévisibles) et de votre enfant (âge, maturité, mode émotionnel). Vit-il ses émotions sur le moment ? En différé et uniquement en sécurité avec vous ? Est-il très « émotif » ou très « coupé » ?

Vidanger ses émotions

La vidange émotionnelle consiste à exprimer son émotion jusqu'au bout, mais en faisant sortir toute l'énergie émotive à l'extérieur de soi.

Par quels moyens ?

Les plus courants : hurler, pleurer, frapper sur un coussin/polochon/punching-ball/jeu de massacre, etc., exclusivement réservés à cet usage. La forme douce de la vidange : une grande promenade, un jogging, un cinéma (pour ceux qui s'associent difficilement et vivent leurs émotions en différé).

Quelles sont les limites de l'exercice ?

Attention : la vidange émotionnelle n'est pas souhaitable pour tous, notamment pour ceux que les émotions perturbent profondément. Ils redoutent de vivre telle ou telle émotion qui leur indique : « Tu n'es pas bien ! Tu perds le contrôle de toi-même ! » Aidez-les en discutant avec eux et en utilisant les canevas que vous avez découverts dans le chapitre 5.

Stopper ses émotions

Ne pas se laisser submerger

Se servir de son intelligence émotionnelle, c'est accepter ses émotions mais ne pas se laisser submerger par elles. Pour exécuter certaines tâches, vos enfants ont besoin d'être complètement concentrés. S'ils doivent malgré tout faire face à une situation trop impliquante, vous leur apprendrez à se dissocier de l'expérience qui a généré de fortes émotions grâce à l'écran de cinéma.

Revivre une émotion comme au cinéma

C'est une outil qui permet d'atténuer l'impact négatif d'un événement en s'y reprojetant de manière différente.

OUTIL JEUNE * * *
L'écran de cinéma

• **Quand :** *quand le jeune a peur d'un animal, quand il a fait une expérience traumatisante, quand il a raté un examen, etc. Dans le cas de problématiques émotionnellement très impliquantes, ayez recours à un professionnel.*

• **Pourquoi :** *pour diminuer l'état interne négatif associé à l'animal, atténuer l'impact de l'expérience traumatisante, lui permettre de repartir sur le bon pied et de réussir un examen, etc.*

• **Comment :** *vérifiez que son équilibre personnel est respecté. Si votre enfant s'est fait mordre par un gros chien pour s'être approché de sa gamelle, il est important qu'il puisse renouer le contact avec les chiens en général, et non avec les gros chiens en train de manger. De même, si votre fille a raté son examen parce qu'elle n'a pas travaillé, il est important là aussi qu'elle tire les leçons de cette expérience ! Cet outil est particulièrement bien adapté aux enfants « visuels », mais il demande un effort de concentration. Si votre enfant n'arrive pas à projeter l'écran de cinéma, faites-le dessiner.*

• **Quel âge :** *dès la fin du primaire.*

Nous suivrons l'exemple de Sam qui s'est fait mordre par un chien.

1. Aidez votre enfant à définir ce qu'il veut.

SAM : « Je veux pouvoir de nouveau m'approcher d'un chien sans avoir peur, mais j'ai compris qu'il ne fallait pas caresser un animal en train de manger car il risque de mordre. »

2. Invitez-le à se souvenir de l'expérience négative et demandez-lui de la décrire brièvement.

Sam : « J'étais chez ma tante, et j'ai donné à manger à son chien. Il s'est jeté sur sa viande, et moi je l'ai caressé. Il m'a "chopé" à la main... J'ai vraiment eu mal et surtout très peur (il ressent). »

3. Demandez-lui maintenant de se souvenir d'une expérience où il se sentait en confiance et en sécurité (état ressource). *Une fois qu'il s'est associé à l'expérience positive, associez cet état interne à un geste. Soit il le fait lui-même, soit vous le faites vous, en lui posant la main sur le genou par exemple.*

Sam : « J'étais avec mes copains, et on discutait entre nous. Je me sentais bien. »

Le papa de Sam lui touche le genou pour établir une connexion entre ce geste et cet état ressource.

4. Proposez-lui de se regarder en train de vivre l'expérience négative sur un écran de cinéma qu'il projette mentalement sur le mur. *Vous maintenez bien entendu votre main posée sur le genou.*

Sam : « Je revois sur l'écran le chien qui me mord, mais je n'ai plus peur. »

5. Est-il maintenant à l'aise en regardant ce film ?

Sam : « Oui, ça va ! Maintenant, je m'en fous un peu ! »

6. Demandez-lui d'éteindre l'écran et de se projeter dans le futur dans des situations similaires. *Faites-lui décrire ce qui se passe, comment il se sent, quelles précautions il a prises.*

Sam : « Je me vois en train de m'approcher d'un chien. Il ne dort pas, il ne mange pas et j'ai demandé à son maître s'il était gentil. Je suis content de le caresser et tout se passe bien. »

Canaliser ses émotions

Savoir lâcher prise

Face aux émotions désagréables, les enfants (comme nous-mêmes) ne sont pas toujours très courageux et ont tendance à fuir l'expérience pour ne se laisser habiter que par la réaction. Plus ils contrôlent cette émotion, plus elle les tenaille insidieusement (anxiété, problèmes psychosomatiques, comportements aberrants). Alors, apprenez-leur progressivement à ne pas avoir peur de leurs émotions et à les laisser grandir en eux. Ils acquerront une grande maturité émotionnelle (l'émotion est vécue comme une alliée), une puissance intérieure fondée (« Je me sens en sécurité à l'intérieur de moi-même et je vis en harmonie ») et une ouverture à la vie.

Laisser s'épanouir l'émotion

Un réflexe à avoir en tout cas avec les émotions agréables : l'épanouissement émotionnel, pleinement vécu, est vraiment source de croissance.

Vivre pleinement le développement de ses émotions libère énormément d'énergie et permet seul d'avoir une vraie conscience de notre vie intérieure, une belle opportunité à offrir à nos enfants.

OUTIL JEUNE * *
L'épanouissement de l'émotion

- ***Quand :*** *quand le jeune contrôle ses émotions ou en a peur.*
- ***Pourquoi :*** *pour traverser les émotions qui paralysent (transformer la peur en force, la colère en amour) ; pour ouvrir son cœur par l'émotion agréable (joie profonde, émotion esthétique, sublime) ; pour développer sa créativité.*

• **Comment :** *seul ou accompagné par son parent. Si votre enfant adore bouger, il risque de trouver cet outil un peu passif : proposez-lui de dessiner ou de parler. Si votre enfant n'est pas encore un as de l'émotion, il se peut qu'il ne sente rien. Habituez-le d'abord à ressentir. Il aura recours à cet outil quand il se sentira prêt. Et vous-même, êtes-vous d'accord pour l'appliquer à vos émotions ?*

Notons que cet outil est vraiment indispensable pour les « timides » ou les « peureux » : à la peur de (des autres, du noir...) s'ajoute la peur de ressentir la peur. Un jour ou l'autre, il faudra accepter de ressentir pleinement cette peur et mettre en place d'autres comportements.

• **Quel âge :** *au collège.*

Nous suivrons l'exemple de Gaspard, 14 ans.

1. Les faits : « Que se passe-t-il ? »

....

GASPARD : « Je n'ai pas envie de me lever ce matin. »

2. Je contacte mon émotion : « Qu'est-ce que je ressens ? »

....

GASPARD : « Je me sens tout triste à l'intérieur. »

3. Je laisse l'émotion se développer : « Comment grandit-elle ? »

....

GASPARD : « Je sens comme des petites particules qui s'agitent, j'ai l'impression d'être noyé dans un brouillard, je sens des picotements. »

4. Je focalise mon attention sur moi-même (présent intérieur) et sur mon environnement (présent réceptif) : « Qu'est-ce que je perçois de moi-même et de mon environnement ? »

....

GASPARD : « Je me sens tout petit dans un monde gris où je n'ai pas envie de vivre. »

5. Je suis à la fois présent à moi-même et spectateur du processus (conscience de soi) : « Que se passe-t-il en moi ? En quoi mon état intérieur s'est-il modifié ? »

....

Gaspard : « Je ne suis pas seulement triste, je suis aussi en colère. Je sens une rage immense grandir en moi… J'ai chaud, mon cœur bat plus fort… j'ai la respiration coupée. »

6. Je comprends le message : « Qu'est-ce qui a déclenché cette émotion et que m'invite-t-elle à faire ? »

....

Gaspard : « Maman doit nous présenter son chéri demain et je n'ai pas du tout envie de le voir. Je suis furieux qu'elle puisse se sentir heureuse avec quelqu'un d'autre que moi. J'ai peur qu'elle me quitte… »

7. J'identifie mon besoin actuel : « Quel est mon besoin ? »

....

Gaspard : « J'ai besoin de lui dire que je ne suis pas d'accord et qu'il faut au moins qu'elle me rassure qu'elle ne partira pas. »

8. Je sens l'énergie : « Vers quoi me pousse cette belle énergie ? »

....

Gaspard : « Je suis heureux d'avoir vu clair en moi et je me sens plein d'énergie pour aller voir maman. »

9. Je donne une réponse adéquate : « Qu'est-ce que je décide de faire ? »

....

Gaspard : « Je vais parler calmement avec elle. Je suis sûr qu'elle comprendra. »

10. Je boucle le processus en focalisant mon attention sur mes sensations corporelles : « Qu'est-ce que je sens physiquement ? »

....

Gaspard : « Je me sens tout léger. »

Créer avec ses émotions

Et si vous appreniez à vos enfants à réinvestir leur belle énergie émotive dans la création artistique ? Tant de grandes tristesses, d'épouvantables chagrins d'amour, de terribles colères très destructrices ont donné d'admirables œuvres littéraires ou picturales. Enfin, n'oubliez pas les vertus du journal intime, à condition de n'en jamais violer le cadenas, et la musique : jouer la *Valse d'adieu* (Chopin) aura autant d'effet pour certains que pleurer un bon coup.

RÉSOUDRE LES CONFLITS INTÉRIEURS

Grands consommateurs d'énergie psychique, désagréables du fait des états internes qu'ils induisent, et déstabilisants parce qu'ils inhibent nos actions, les conflits intérieurs nécessitent d'être gérés. Plusieurs outils, qui reposent sur **le modèle des parties de personnalité**, pourront aider vos enfants.

Les multiples facettes de la personnalité

Les parties de la personnalité se définissent comme des subdivisions de la personnalité fonctionnant comme des ensembles cohérents, avec des valeurs, des croyances, des émotions, des attitudes, des comportements propres. Chaque partie est activée dans un contexte bien spécifique et entretient avec les autres des rapports de coopération, de neutralité ou d'antagonisme.

Par exemple :

– Il est 10 heures du matin et je traîne en pyjama depuis 8 heures : ma partie A, « Prendre le temps de vivre et de rêver », a le pouvoir et ma partie B, « Je suis un bon élève », reste dans un état de neutralité.

– Soudain, je me dis que je n'ai pas fait mes devoirs et je culpabilise : la partie B s'oppose à la partie A (rapport antagoniste).

– Alors, je me mets à travailler avec énergie : la partie B a le pouvoir et la partie A collabore avec elle.

• À 11 heures, SMS de la jolie Cécilia qui me demande si elle peut passer. Je lui réponds « Non ! » car je commence demain mes examens : la partie B a le pouvoir et nie la partie A.

• Je n'arrive plus à me concentrer : la partie A s'oppose à la partie B, qui a du mal à maintenir le pouvoir.

OUTIL JEUNE * * *

La réconciliation : réconcilier les différentes parties de soi

*• **Quand :** quand le jeune se sent tiraillé entre deux parties de lui-même, pour des problèmes de choix, de prise de décision, de concentration ; pour mener à bien un projet, pour les difficultés relationnelles (timidité : « D'un côté, j'ai envie d'aller vers les autres, et de l'autre non… ») ou de participation (« D'un côté, j'ai très envie de le faire, mais, de l'autre, je n'arrive pas à franchir le pas… »).*

*• **Pourquoi :** pour lui permettre de rétablir l'harmonie en lui et faciliter sa cohérence. Attention, chaque partie est importante et veut ce qui est bon pour la personne. Les noms dont elles seront affublées auront toujours une connotation positive.*

*• **Comment :** en faisant apparaître les valeurs communes des deux parties opposées (elles veulent toutes deux ce qui est bon pour votre enfant !) et en les amenant à collaborer. Cet outil exige que l'on en ait bien compris le fonctionnement : il est d'une efficacité extrême, mais il est important que, de lui-même, votre enfant*

ait déjà envisagé les « facettes de personnalité » en lui. Par exemple, « D'un côté, je veux ça... et de l'autre... ».
• ***Quel âge :*** *au collège ou plus tôt si votre enfant se sent prêt.*

Nous suivrons les exemples de William et de Lutèce, une jeune fille très timide, qui s'étiole dans son isolement.

1. Aidez votre enfant à définir les 2 parties concernées.
William : « Ma partie 1 est celle qui ne veut pas grandir. Elle s'oppose à la partie 2 qui veut grandir. »
Lutèce : « Ma partie 1 aime bien aller vers les gens, mais elle est bloquée par ma partie 2 qui a peur de se faire rejeter, d'être ridicule... »

2. Demandez-lui de leur donner un nom et de définir leurs qualités.
William : « J'appelle ma partie 1 "Petit clown" car elle est drôle, rigolote. Elle ne fait que ce qu'elle veut. La partie 2, je la nomme "Tintin". Il s'agit d'une partie dynamique, très intelligente et très responsable. C'est elle qui veut devenir un grand journaliste. »
Lutèce : « Ma partie 1 s'appelle "Vive la joie". Cette partie est gaie, constructive, subtile. Ma partie 2, "Fantômette", reste dans l'ombre. Elle est prudente et souvent très perspicace. »

3. Identifiez avec votre enfant ce que chacune a de bon pour lui.
William : « La partie "Petit clown" veut que je reste un enfant, et la partie "Tintin" que je me montre enfin sérieux et que je devienne un grand reporter. »
Lutèce : « La partie "Vive la joie" veut que je fasse des tas de choses intéressantes avec des gens aussi constructifs qu'elle, et la partie "Fantômette" me protège. »

4. Invitez les parties à collaborer entre elles : chacune possède au moins une ressource dont l'autre a besoin.

William : « La partie "Petit clown" est pleine de ressources (des amis, beaucoup de malice), mais elle pourrait avoir besoin du sens de l'organisation de "Tintin". La partie "Tintin" possède, elle aussi, de nombreuses qualités (sens de l'organisation, pugnacité, ponctualité), mais elle a aussi besoin de la malice de "Petit clown". »
Lutèce : « "Vive la joie" aurait intérêt à profiter de la vigilance de "Fantômette" pour sélectionner les personnes réellement bien pour elle. "Fantômette" gagnerait à prendre un peu d'élan chez "Vive la joie" pour ne pas rester repliée sur elle-même. »

5. Incitez ces deux parties à se fondre en une seule et même partie (« la nouvelle partie ») et à envisager l'avenir.
William : « Les parties "Tintin" et "Petit clown" vont devenir une seule et même partie, "le nouveau William", qui s'investira dans ses études mais s'éclatera sitôt la porte de l'école refermée. »
Lutèce : « "Vive la joie" et "Fantômette" ont décidé de continuer leur parcours chacune séparément mais de collaborer quand il s'agit de rencontrer des gens nouveaux pour faire des choses formidables ensemble. "Fantômette" restera aux aguets pendant que "Vive la joie" ira voir de près ce qui se passe. »

***N. B. :** Parfois, le jeune n'imagine pas pouvoir réconcilier ses deux parties antagonistes. C'est son droit, n'insistez pas. Demandez-lui seulement comment s'y prendront concrètement les deux parties pour collaborer.*
Cet outil est issu de l'outil PNL « Le Squash ». Nous l'avons simplifié pour vous permettre d'y accéder plus facilement.
Cet outil a un avantage immense : il permet à votre enfant de conquérir son harmonie personnelle tout en travaillant sa flexibilité intérieure, une qualité indispensable aux jeunes aujourd'hui. Ces derniers doivent apprendre à tolérer l'incertitude et accepter les temps de déséquilibre si nombreux à une époque où le

changement est permanent. Une structure d'esprit trop rigide les handicapera vraiment. D'ailleurs, si votre enfant est déstabilisé du fait d'un déménagement, d'un divorce ou, plus tard, s'il se sent mal dans son école mais n'ose pas en changer, cet outil lui facilitera la tâche. La partie aimant les certitudes et la stabilité se réconciliera avec la partie qui va de l'avant et aime le changement !

ASSOCIER OU DISSOCIER UN ÉVÉNEMENT ?

Ni trop « dedans » ni trop « dehors »

Il y a deux façons de vivre un événement : en étant associé ou en étant dissocié.

On nomme position associée la perception associée où votre enfant est tellement impliqué dans l'expérience qu'il est inconscient des processus en œuvre.

La position dissociée consiste à prendre du recul par rapport à l'événement, à élaborer une vision plus large de ce qui se passe. Votre enfant est le témoin extérieur, le spectateur de la situation.

Aucune des deux perceptions n'est plus utile que l'autre : toutes deux ont leurs avantages et donnent de précieux renseignements selon les circonstances.

L'idéal étant que vos enfants essaient les deux attitudes. Quand ils sont trop « dedans », ils sont doublement vulnérables au séisme émotionnel parce qu'ils ne disposent pas des ressources de la pensée pour comprendre la signification que prend pour eux cet événement. Ils peuvent se sentir dépossédés de leur libre arbitre ou de leur identité. Certains la vivent comme une dépersonnalisation. Quand ils sont trop « dehors », ils se privent d'informations indispensables à leur vie.

Que faire s'il est trop impulsif ?

Si votre enfant se laisse emporter par son impulsivité, intervenez et demandez-lui clairement de :

• faire un temps d'arrêt ;

• respirer : 1 inspiration, puis 2, en se centrant sur ses sensations corporelles ;

• se concentrer sur ce qu'il sent en lui (présent intérieur) ;

• se vivre en spectateur la situation.

Quelques questions adaptées l'aideront à se dissocier en faisant intervenir la logique du raisonnement :

• Que voit-il ?

• Qu'entend-il ?

• Que comprend-il ? (présent réceptif)

En fonction des réponses qu'il donne, il peut alors agir en toute conscience.

Si, globalement, il a tendance à la réactivité, ou si son impulsivité lui cause de vrais problèmes, encouragez-le aussi à réfléchir à froid. Dites-lui ce qu'apprend de plus quelqu'un qui sait être spectateur d'une situation, en quoi il est gagnant sur le long terme s'il prend du recul et quelles sont les conséquences néfastes de son impulsivité.

Que faire s'il est trop détaché ?

Si votre enfant vit dans une tour d'ivoire, plus spectateur qu'acteur, ou si, au contraire, il surfe sur la vie comme il manie sa console de jeux, flirte avec le danger sans même s'en rendre compte, vous pouvez en conclure qu'il s'associe peu à ses émotions. Certes, il sait vous raconter parfois ses aventures à grand renfort d'émotions, mais il ne les vit pas. Là aussi, s'il veut changer (il s'est cassé le bras pour la 2e fois, il n'a pas d'amis, il passe à côté des occasions, etc.), proposez-lui de se poser cette question au moins 3 fois dans la journée : « Qu'est-ce que je ressens, là, ici, maintenant ? » Rien, peut-être au début. Mais progressivement, il s'associera.

Accompagner les émotions de votre enfant ? C'est tout simple au fond. L'empathie et la clarification de leur vécu seront vos guides, et quelques outils vos auxiliaires. Acceptez de vibrer à l'unisson, apprenez-leur à traiter les émotions en amies à des réponses inadaptées. Avec un peu de chance, ils vivront réconciliés avec leur cœur, leur corps, et leur raison plus que les générations antérieures.

Cinquième partie

DÉVELOPPEZ LEUR INTELLIGENCE DE LA VIE

13

1, 2, 3, Vivez !

L'intelligence de la vie consiste dans l'habileté et la compétence que votre enfant acquerra à la fois pour se connaître, s'aimer (estime de soi, confiance en soi, valorisation de soi), prendre sa vie en main (s'assumer) et s'élancer vers la vie. Cette intelligence de soi, relayée par l'intelligence relationnelle, lui permettra de réussir sa vie hors des canons prédéfinis, c'est-à-dire pour et par lui-même. Ce qui comptera au final, ce ne sont pas tant les défis que la vie lui aura lancés que la façon dont il les aura relevés. Peut-être connaîtra-t-il des échecs, mais au moins saura-t-il vite rebondir et bien, sans y laisser trop de plumes.

Nous avons choisi d'orienter ce chapitre vers les solutions à apporter aux différents blocages, bien conscients toutefois que la matière déborde le cadre de ce livre.

BONHEUR ET LIBERTÉ POUR VOTRE ENFANT

« Contrôlez votre cerveau, vous contrôlerez votre vie ! » Cet adage ressemble plus à une accroche publicitaire qu'à une vérité confirmée par l'expérience humaine : vouloir n'est ni pouvoir ni avoir, même s'il y a mille et une manières de s'en donner les moyens… Développer l'intelligence de soi équivaut à poursuivre un objectif humain : se « dépatouiller », vivre heureux, en cohérence avec soi-même et en harmonie avec son environnement tout en augmentant son libre arbitre.

Est-ce à dire que perdant tout (père, mère et travail) en une journée, nos enfants danseront dans la rue en hurlant de joie ? Bien sûr que non ! Mais ils vivront pleinement ces événements, surmonteront les chocs émotionnels et loin de s'en tirer handicapés pour la vie, ils retrouveront rapidement cette sérénité de l'âme, bien connue des épicuriens et des stoïciens : l'ataraxie (un vieux mot pour un concept très contemporain). Aujourd'hui cela reviendrait à dire : « Quels que soient les remous du voyage, je reste maître à bord de mon navire et j'arriverai à bon port. Mon trouble vient non pas de l'événement mais de la perception que je m'en fais. En étant présent à moi-même, à la fois acteur et spectateur de ma vie, confiant en mes ressources et en mes capacités, je sais faire naître en moi le calme et la joie profonde au-delà de la tempête. »

Qui sont les ennemis du bonheur, de l'harmonie et du libre arbitre ? Les émotions refoulées, ressentis inhibés, impulsivités intempestives, besoins non identifiés ou carrément niés, et autres conflits psychiques. La liste n'est même pas exhaustive. Vos enfants sont-ils libres quand ils croient l'être fuyant, par exemple, toute forme de contrainte ou d'ennui au lieu d'affronter leur vide ? Non ! Sont-ils libres lorsque leurs conflits intérieurs et les sensations horribles qu'ils génèrent les font agir contre leur propre intérêt ? Non ! Alors donnez-leur les moyens de changer ce qu'ils veulent et peuvent modifier, ou ce qui nuit à leur bonheur.

LES COMPORTEMENTS DONT VOTRE ENFANT NE VEUT PLUS

Lister les comportements indésirables

Certains comportements, trop impulsifs, portent tort à vos enfants, d'autres sont carrément inadaptés à ce qu'ils veulent vraiment. Aidez-les à faire la liste des comportements dont ils ne veulent plus (« Je ne veux plus traiter ma sœur de pauvre nouille », « Je ne veux plus tomber malade chaque fois qu'il y a une interrogation de maths », « Je ne veux plus m'écraser devant mon père quand il me dénigre », etc.). Expliquez-leur qu'ils peuvent choisir un autre comportement qui les satisfera d'autant mieux qu'il sera adapté à ce qu'ils veulent vraiment.

Dès le plus jeune âge, ***les 3 feux du New Haven*** peuvent les aider à mettre un frein à leur impulsivité et à l'automatisme de leurs réactions.

Savoir adopter un comportement nouveau

Plus tard, et particulièrement si votre enfant réagit trop vivement aux moqueries, vexations ou critiques, qu'elles soient constructives ou non, proposez-lui de bien rester en contact avec son envie de réagir, de prendre une grande bouffée d'oxygène et de dire : « J'ai bien entendu ce que tu m'as dit, je le prends en considération, mais je ne souhaite pas réagir pour le moment. » Là, il sera vraiment fier de lui : il aura manifesté sa volonté et en aura démontré la force. Puis, s'il veut que ses bonnes résolutions tiennent dans la durée, il renforcera ses décisions par un ***générateur de comportement nouveau.***

Pour bien utiliser cet outil, vous avez besoin de comprendre l'importance de l'« intention utile » d'une partie de la personnalité. C'est

OUTIL JEUNE * *
Les 3 feux du New Haven

• ***Quand*** : *quand le jeune réagit trop impulsivement, ce qui lui porte préjudice.*
• ***Pourquoi*** : *pour lui permettre de faire une pause entre l'envie de réagir et le comportement lui-même.*
• ***Comment*** : *en affichant les « feux » et leur signification, sur le frigo de la cuisine par exemple.*
• ***Quel âge*** : *dès 4 ans, en aidant bien sûr votre enfant.*
Pour faciliter le contrôle des pulsions, une affichette placée bien en vue énumère les 6 étapes suivantes :

Feu rouge
1. Marque un temps d'arrêt, calme-toi et réfléchis avant d'agir.

Feu orange
2. Expose le problème et exprime comment tu te sens.
3. Donne-toi un but positif.
4. Imagine le plus de solutions possibles.
5. Pense aux conséquences possibles.

Feu vert
6. Passe à l'action en appliquant le meilleur plan.

D'après Daniel Goleman, **L'Intelligence émotionnelle**, *J'ai lu, 1998.*

elle qui garantit qu'on puisse changer durablement de comportement (la motivation consciente ou inconsciente qui sous-tend le comportement ou l'attitude générale d'une « partie de personnalité »). Elle doit toujours être maintenue, mais satisfaite par des comportements plus adaptés à ce que veut réellement votre enfant. Par exemple : l'intention utile de la partie « Petit clown », c'était de jouer, en aucun cas il ne s'agissait de porter préjudice à William. Mais les conséquences sur sa vie n'en étaient pas moins problématiques. Retenez donc que pour réussir durablement un changement de comportement, il faudra proposer une solution qui satisfasse l'intention utile.

OUTIL JEUNE * * *

Le générateur de comportement nouveau

• ***Quand :*** *quand le jeune veut changer de comportement.*

• ***Pourquoi :*** *pour choisir et visualiser un nouveau comportement.*

• ***Comment :*** *en choisissant un modèle pour le projeter sur un écran imaginaire. Néanmoins, certains jeunes ont du mal à se projeter sur un écran. Demandez-leur alors de regarder comment fait leur modèle (à la télé, dans la vie de tous les jours…), de décoder ses comportements pour bien les mémoriser. Ensuite, il se détend, se relâche et ferme les yeux : il se voit alors en train d'essayer son nouveau comportement proche de celui de son modèle.*

• ***Quel âge :*** *à partir du collège avec l'écran de cinéma. Très jeune sinon : il s'agit d'un processus que reproduisent très naturellement les enfants qui apprennent en « regardant ». Je ne sais pas plonger ? Je regarde plusieurs fois mon grand frère, bien concentré, et je fais pareil.*

Suivons l'exemple de Mirjana, 16 ans, qui adore le chocolat et les mélanges huile + farine + sucre, mais essaie de faire un régime car elle a quelques kilos excédentaires.

1. Demandez à votre enfant de définir l'objectif qu'il souhaite atteindre.

MIRJANA : « Je veux me maîtriser tout le week-end au sujet de la nourriture et respecter le régime que m'a conseillé le Dr Zénati. »

2. Invitez-le à choisir un modèle (ou lui-même ayant atteint son objectif).

Mirjana : *« Je veux faire comme ma sœur Céleste qui ne s'intéresse même pas à ce qu'il y a dans le frigo. »*

3. Demandez-lui de visualiser un écran sur un mur et d'imaginer son modèle sur cet écran.

Mirjana : *« Céleste passe avec grâce devant le frigo, toujours habillée près du corps. On dirait qu'elle est ailleurs. Souvent, elle a son walkman sur les oreilles et une bande de copains qui l'attend dehors. »*

4. Invitez-le maintenant à se visualiser lui-même à la place de son modèle. Il se voit en train de dire les mêmes choses, d'avoir les mêmes attitudes.

Mirjana : *« Je me vois en train de passer et repasser devant le frigo. Je suis habillée près du corps, mais je n'ai pas de walkman, j'ai préféré mettre une belle musique dans le salon. Je ne ressens aucune envie particulière de chocolat ou autre. Je me suis fait des amis et ils m'attendent dehors… »*

5. Demandez à votre enfant de se repasser ce film jusqu'à ce qu'il le mémorise parfaitement.

6. Invitez-le à éteindre l'écran et à s'imaginer en train d'agir comme il s'est vu agir sur l'écran.

7. Enfin, aidez-le à choisir un « déclencheur » qui lui permettra de se ressouvenir de son comportement.

Mirjana : *« Pour bien penser à mon nouveau comportement, chaque fois que je vais rentrer dans la cuisine, je vais fermer les yeux, respirer bien profondément en creusant mon ventre et en soulevant ma cage thoracique comme me l'a enseigné le Dr Zénati. »*

8. Demandez-lui de s'imaginer en train d'actualiser la séquence *(déclencheur + comportements) dans des situations futures.*

La fonction utile du comportement originel de Mirjana (ingurgiter du chocolat) équivaut à « se distraire ». Il est donc important de lui substituer un autre comportement, sinon se visualiser sur un écran ne suffira pas et le générateur de comportement nouveau n'aura pas eu d'effet. Mirjana décide donc de mieux organiser ses temps de loisir pour moins s'ennuyer.

MOBILISEZ LES RESSOURCES INTERNES DE VOTRE ENFANT

Faire face à l'imprévu

Un examen à préparer ? Un concours de piano ? Bref, une situation stressante – voire imprévue – à laquelle il faut faire face ? Votre enfant gagnera à apprendre à mobiliser ses ressources internes ! ***La ligne du temps, notamment,*** pourra l'aider, et ce quel que soit son âge (ou presque !) De quoi s'agit-il pour votre enfant ? De retrouver dans son passé une expérience où il a vécu l'état interne dont il a besoin, et de le solliciter le moment venu.

Se déplacer sur la ligne du temps

La ligne du temps présente l'avantage de familiariser vos enfants avec la gestion mentale du temps : les petits nostalgiques iront vers leur futur ; ceux qui vivent dans l'anticipation permanente apprendront à s'associer à leur présent ; enfin, les « visionnaires » convaincus iront faire un tour du côté du passé pour tirer les enseignements de leurs expériences, par exemple.

INFOS COACH
Les ressources et la ligne du temps

Qu'est-ce qu'une ressource ?

Une ressource est un moyen psychologique, relationnel, émotionnel, matériel ou technique, permettant d'atteindre l'objectif souhaité. Chaque personne dispose des ressources qui lui sont nécessaires pour réussir, ou peut les acquérir (il s'agit d'un postulat). L'accès aux ressources est parfois impossible du fait de freins (obstacles internes ou externes). Par exemple, Claudine est terrorisée par l'idée d'intervenir dans un groupe. Elle en a la ressource, mais elle a terriblement peur d'être rejetée, de ce que les autres vont penser d'elle...

La ligne du temps

La ligne du temps est une représentation mentale de la vie. Pour la représenter, vous la projetez par terre, soit de façon imaginaire, soit en la matérialisant avec une ceinture, un ruban, ou en utilisant une ligne existante. Un premier point sur cette ligne représentera un nouveau-né (c'est la naissance). Plus loin, un deuxième représentera le moment présent (un petit bonhomme). Enfin, une grande flèche désignera le futur avec un grand bonhomme dessiné.

Naissance ⟶ Présent ⟶ Futur

Vous allez physiquement vous déplacer sur cette ligne du temps pour entrer plus facilement en contact avec vos ressources et vous projeter dans l'avenir.

Apprenez à vos enfants à jongler avec le temps (sa représentation mentale) : je vais dans mon passé sans m'y complaire, je suis dans mon présent sans m'y perdre, je visite mon futur sans fuir ni présent ni passé. Car l'intelligence émotionnelle, vous l'avez compris à travers les différents outils, exige aussi la maîtrise de la dimension temporelle. Le passé permet de trouver des ressources et de tirer des enseignements de l'expérience. Le présent ? Il est source d'informations et tremplin pour l'avenir. Le futur ? Il nourrit les rêves et donne l'impulsion de l'élan. Alors, apprenez-leur très tôt à jouer avec la ligne du temps !

OUTIL JEUNE * *

Les ressources sur la ligne du temps

• ***Quand :*** *quand le jeune a besoin d'états internes bien spécifiques en vue d'une échéance.*
• ***Pourquoi :*** *pour lui permettre de disposer de ressources adaptées à l'échéance et de ne pas se laisser envahir par la peur ou l'hésitation, par exemple.*
• ***Comment :*** *dans une pièce suffisamment grande pour que le jeune puisse aller et venir sur la ligne du temps. Attention : choisissez scrupuleusement l'état interne adapté à la situation (confiance en soi, dynamisme, sérénité) et vérifiez que cette ressource soit réellement utile à votre enfant. Par exemple : il veut réussir son oral d'anglais et a besoin de sentir qu'il a confiance en lui-même. Rappelez-lui que sans travail et même en pleine possession de cet état interne « ressource », il ne pourra pas réussir.*
• ***Quel âge :*** *à partir de la fin du primaire.*

1. Le jeune matérialise sa ligne du temps avec un grand ruban.
2. Il se place à côté de la ligne du temps, parle de son échéance et de la ressource dont il a besoin pour réussir. En général, il se souvient d'une expérience particulière (dite : « expérience-ressource ») lors de laquelle il disposait de la ressource requise. Il va donc la revivre et s'y associer pleinement.
3. Il va sur la ligne du temps et se place au niveau de son présent, visage tourné vers son futur.

4. Toujours face à son futur, il recule sur la ligne de temps jusqu'à l'« expérience-ressource ».
5. Il ancre l'état interne associé (petit geste discret voir p. 165).
6. Tout en maintenant son ancre, il avance vers son futur, puis décrit comment se passe l'épreuve.
7. Il quitte la ligne du temps et commente son expérience : en quoi se sent-il prêt maintenant à affronter l'échéance ?

N.B. *: Si le jeune a besoin de plusieurs ressources, il va rechercher différents moments de son passé et créer chaque fois une ancre (il a alors autant d'ancres que de ressources nécessaires). Et c'est en maintenant ces différentes ancres qu'il va vers son futur.*

LE PREMIER JOUR DE LA NOUVELLE VIE DE VOTRE ENFANT

Savoir rebondir

Pourquoi de superbes projets ne voient-ils jamais le jour ? Parce que vos enfants n'ont pas su gérer leur déception face à un échec, ou bien parce qu'ils ont été fortement déstabilisés par une remarque malveillante. Marie adore écrire des nouvelles. Elle espère être publiée. Son professeur de français se moque d'elle : elle n'a aucune chance, il faut un vrai talent... Elle avait 15 ans et en a aujourd'hui 42. Elle n'a plus jamais rien écrit. Pourtant, dans cet atelier d'écriture qu'elle vient d'intégrer, tous admirent ses nouvelles.

Savoir rebondir après un échec est essentiel, gérer la déception aussi. En général, l'événement ou la remarque fait mouche parce qu'il y a une blessure encore un peu à vif. Quelle est la partie qui pleure déjà dans notre passé et sanglote d'autant plus fort aujourd'hui ? C'est important de le savoir et de vivre à fond le processus émotionnel concernant cette déception. Il faut parfois toucher le fond de la piscine pour refaire surface. Et, bien sûr, tirer un enseignement de cette expérience.

OUTIL JEUNE * * *

Le premier jour de ma nouvelle vie

- ***Quand :*** *après une expérience décourageante ou une déception.*
- ***Pourquoi :*** *pour repartir d'un bon pied tout en tirant un enseignement de cette expérience.*
- ***Comment :*** *en activant une ancre ressource quand la déception est vraiment grande ; en procédant au préalable à une négociation (la partie blessée/déçue empêche la partie motrice d'aller vers l'avant). Si le jeune reste encore hésitant, lui proposer un générateur de comportement nouveau.*
- ***Quel âge :*** *à partir de 5 ans, avec les adaptations qui conviennent.*

Suivons l'exemple de Pauline, qui vient de rater son Bac et veut tout arrêter.

Ce qui s'est passé :

....

Pauline : « J'ai raté mon Bac. »

Ce qui a été le plus difficile pour moi :

....

Pauline : « Je dois renoncer à entrer en fac cette année, et je ne supporte plus ce lycée pourri. J'ai honte aussi par rapport aux autres. Une année perdue ! Faut dire que je l'ai bien cherché. Je culpabilise maintenant, je n'ai vraiment pas travaillé. »

Ce que j'ai appris :

....

PAULINE : « Qu'il fallait que je sois plus sérieuse… enfin, si les profs étaient moins nuls ! »

En quoi je suis devenu plus fort :

....

PAULINE : « Je me sens beaucoup plus déterminée pour me mettre au travail. J'ai vraiment envie de prouver que je vaux quelque chose. »

Ce que je croyais avant :

....

PAULINE : « Que tout allait tomber tout cuit, et que mes parents seraient toujours là pour arranger le coup. »

Ce que je crois aujourd'hui :

....

PAULINE : « Qu'il faut que je m'y mette et que personne ne vivra ma vie à ma place. »

Comment je me sens maintenant :

....

PAULINE : « Ça passe, parce que je me mets à penser à l'année prochaine, ou plutôt l'année suivante, quand je serai enfin en fac d'éco ! »

Quelle décision je prends dans ma nouvelle vie :

....

PAULINE : « De me donner désormais toutes les chances ! »

Des capacités inégales

Nos enfants sont inégaux quant à leur capacité à rebondir. Entourés par des parents optimistes, dynamiques et bienveillants, ils auront toutes les chances de remonter la pente très vite et même de transcender en positif toute leur souffrance.

Compter avec l'environnement

En outre, il faudra compter avec :

• le poids des exemples : « Ton oncle que tu admires tant, eh bien, il a eu son Bac la deuxième fois » ;

• des protections et des permissions : « Un échec n'est ni plus ni moins qu'une expérience qui mérite d'être réajustée pour réussir », « Il y a des fois où l'on réussit du premier coup et d'autres où il faut s'y reprendre à deux fois parce qu'on n'est pas prêt ou que ce n'est pas le moment » ;

• la force des recadrages : « Et toi, parce que Machin te dit que ton dessin est nul, tu le crois ? Et si ça voulait dire qu'il est jaloux ? » ;

• la toute-puissance des croyances à propos du monde, des autres, de soi-même, ces grandes lois très personnelles établies à partir de nos expériences et des interprétations que nous en faisons : « Il ne m'arrive que des malheurs ! », « Le monde est moche », « La vie est belle ! », « Personne ne m'aime », « Les gens sont envieux ! », « Je suis ce que je fais, donc si mon dessin n'est pas apprécié, c'est que je suis nul ».

Être vigilant

Là encore, une grande vigilance est nécessaire pour refuser la confusion des niveaux logiques. Le niveau logique de l'identité (« qui je suis ») n'est pas celui des comportements/résultats/productions (« ce que je fais et ce que j'obtiens du fait de mes actions »). Par conséquent, si « j'échoue » (niveau logique du comportement), cela n'implique pas que « je suis nul » (niveau logique de l'identité). Pour plus d'explications, reportez-vous au livre *La Réussite scolaire* (éditions Solar). Et puis, n'oubliez pas de faire visualiser sa future réussite à votre enfant (il ferme les yeux, s'imagine en train de réussir et alors stimule son ancre de confiance), il embrayera toujours vers l'avenir : l'espoir non seulement fait vivre mais permet de s'accomplir. La réussite de vie pour nos enfants est plus souvent une affaire de foi et de désir qu'une affaire de compétences, de capacités et de... QI élevé.

Trois mentors pour un coup de pouce

Pour s'élancer vers la vie, un coup de pouce est parfois nécessaire. Vos enfants ont, eux aussi, leurs mentors, ces personnes qui leur délivrent des messages d'encouragement, de foi en eux et en leurs capacités, de confiance en la vie. Ces messages-là sont d'authentiques moteurs, souhaitons qu'ils s'en souviennent tout au long de leur existence !

OUTIL JEUNE * * *

3 messages pour s'élancer vers la vie

• **Quand :** *lorsque le jeune manque d'entrain ou qu'il panique à l'arrivée d'une échéance.*

• **Pourquoi :** *pour retrouver sa motivation et décupler sa confiance.*

• **Comment :** *dans un endroit calme et spacieux pour se mouvoir sur la ligne du temps. Si le jeune n'a aucune idée, le parent-coach peut lui rappeler certaines paroles entendues : « Je me souviens du jour où ta mamy t'a dit : "Va ! Tu vas y arriver !" Tu as souri et tu as fait ton double salto arrière. » Ou bien : « Quand tu étais en Terminale, tu avais lu cette phrase de Nietzsche : "Ce qui ne me tue pas me rend plus fort !". » Une autre solution consiste à dire :*

« Si tu étais le meilleur ami de ce petit garçon, que lui dirais-tu pour l'encourager ? »

• ***Quel âge :*** *à partir de 8 ans.*

1. Le jeune se positionne sur son présent.

2. Le parent-coach lui demande de trouver trois personnes *de son entourage ou non (il peut s'agir de héros qui comptent pour lui) et de se souvenir des* ***messages positifs*** *qu'ils lui ont adressés (« Tu iras loin ! », « Tu t'en sortiras toujours ! », « Ce qui ne me tue pas me rend plus fort »).*

3. Le parent-coach demande à son enfant de ressentir toute la satisfaction *qu'il a éprouvée en entendant les messages et de faire un geste pour rester en contact avec cette émotion-là (ancrage).*

4. Le jeune se déplace alors ***vers son futur*** *en restant en contact avec cette émotion-là (ancrage maintenu). Il peut s'imaginer en train d'atteindre son objectif.*

5. Le jeune se positionne ***hors de la ligne du temps*** *qu'il regarde globalement du passé vers le futur. Le parent-coach l'aide à exprimer en quoi il se sent maintenant plus motivé pour aller de l'avant.*

N. B. : *Cet outil est une version adaptée des Mentors (exercice PNL).*

Comme eux, lancez-vous vers la vie

Les témoignages d'Anne et de Niels vous permettront de sentir la puissance des messages que leurs mentors personnels envoient à vos enfants, les propulsant sur la pente ascendante de la vie pour votre plus grande joie.

Anne, 18 ans, en DEUG de psychologie

Elle loue une chambre indépendante en ville, mais son départ pour Lyon a été difficile. Elle a même songé, un temps, prendre un emploi et renoncer à ses études plutôt que de s'éloigner de chez elle. Finalement, après de longues séances de discussion avec sa mère, sa tante et un coach, elle s'est décidée à tenter la grande aventure. Elle a choisi pour mentors :

– Mentor n° 1, sa mère, qui lui dit depuis qu'elle est enfant : « Tu es faite pour le bonheur. »

– Mentor n° 2, son professeur de français de Première, qui disait : « Allez-y ! Osez ! Et vous accomplirez de grandes choses. »

– Mentor n° 3, la princesse Diana, parce qu'elle aurait sûrement dit : « Tous les enfants du monde méritent d'être heureux, alors retroussons-nous les manches chacun à notre façon. »

● Le message commun des 3 mentors est : « Tu as ta place dans ce monde et tu y réussiras. »

Niels, 29 ans, en dernière année de thèse

Il ressemble à Tanguy, héros éponyme du film, et prépare une thèse qui ne s'achève jamais sur une variété d'araignées, excessivement rare, que l'on ne rencontre qu'en Amérique du Sud. Ses parents ont financé ses études jusqu'à ses 25 ans, puis lui ont demandé de prendre un travail pour en assumer une partie, tout au moins payer ses voyages en Amérique du Sud. Les discussions, les menaces de vivres coupés n'ont rien donné jusqu'au jour où il est tombé amoureux et où sa fiancée a refusé de venir habiter chez ses parents. Comme il ne se décidait pas, elle l'a quitté. Quelques entretiens et l'exercice des mentors ont eu gain de cause de ses résistances. Il a choisi pour mentors :

– Mentor n° 1, le général de Gaulle : « Nous avons perdu la bataille mais nous n'avons pas perdu la guerre. »

– Mentor n° 2, son grand-père, qui lui a répété toute son enfance : « La liberté, elle n'a pas de prix. »

– Mentor n° 3, le poète Perse : « Cueille dès aujourd'hui les roses de la vie. Un jour tu ne seras que cendres, ombre, un vain mot. »

● Le message commun des 3 mentors est : « Vis ta vie ! »

*

Notre parcours est terminé. Nous espérons que vous aurez trouvé des clés ouvrant des portes sur le bonheur, celui de voir grandir vos enfants épanouis, sûrs d'eux-mêmes et enfin capables de choisir leur vie. **Chaque jour, l'expérience nous montre que les émotions agréables que sont l'amour, la joie profonde, la satisfaction, la générosité, l'émotion esthétique, le plaisir de donner et de recevoir... développent au-delà de tout espoir la qualité d'être.** Permettez à vos enfants de les vivre pleinement, accueillez dans la joie chacun de leurs élans. Là, vous leur faites un cadeau inestimable, un présent de vie. Enfin, transmettez-leur tout ce que vous avez compris sur l'intelligence de la vie, de l'autre et de soi. Permettez à vos enfants d'être des adultes *vigilantes* (qui vivent en éveil) et non *dormientes* (qui sommeillent leur existence). Participez à cette éducation humaniste des générations futures, vous permettrez à quelques ignominies du passé et du présent de ne pas se reproduire. Vous œuvrerez pour une société toujours plus consciente et respectueuse des êtres humains... mais tout aussi productrice de richesses.

Bon courage à vous et bonne chance à vos enfants !

Bibliographie

Christophe André, *Psychologie de la peur,* Odile Jacob, 2004
Christophe André, François Lelord, *La Force des émotions,* Odile Jacob, 2001
Richard Bandler, *Un cerveau pour changer,* Interéditions, 1990
Catherine Bergeret Amselek, *Le Mystère des mères*, Desclée de Brouwer, 1997
Éric Berne, *Des jeux et des hommes*, Stock, 1996
Éric Berne, *Que dites-vous après avoir dit bonjour ?,* Tchou, 1972
Steve et Shaaron Biddulph, *Le Secret des enfants heureux,* Marabout, 2003
Brigitte Bouillerce et Emmanuel Carré, *Savoir développer sa créativité*, Retz, 2000
Nathaniel Branden, *Maître de ses choix, maître de sa vie,* J'ai Lu, 1997
Berry Brazelton, *Écoutez votre enfant*, Payot, 1985
Françoise Brissard, *Développez l'intelligence de votre enfant*, Le Rocher, 2005
Boris Cyrulnik, *Sous le signe du lien,* Hachette Littératures, 1989
Boris Cyrulnik, *Les Nourritures affectives,* Odile Jacob, 1993
Boris Cyrulnik, *Un merveilleux malheur,* Odile Jacob, 1999
Boris Cyrulnik, *Les Vilains petits canards*, Odile Jacob, 2001
Antonio R. Damasio, *L'Erreur de Descartes,* Odile Jacob, 2001
Michel Develay, *Parents, comment aider votre enfant ?,* ESF éditeur, 1998
Robert Dilts, *Vinci et Holmes,* La Méridienne, 1997
Françoise Dolto, *Tout est langage,* Carrère, 1987
Françoise Dolto, *Les Chemins de l'éducation,* Gallimard, 1994
Isabelle Filliozat, *L'Intelligence du cœur,* Jean-Claude Lattès, 1997
Richard Fisch, *Tactiques du changement,* Seuil, 1986
Susan Forward, *Parents toxiques,* Stock, 1991

Edmond Marc et Dominique Picard, *L'École de Palo Alto,* Retz, 2000
Salvador Minuchin, *Familles en thérapie,* Erès, 2002
Maria Montessori, *Éduquer le potentiel humain,* Cerf, 1998
Jean-Noël Foulain, Serge Mouchon, *Psychologie de l'éducation*, Nathan, 1998
Michel Foucault, *L'Herméneutique du sujet,* Seuil/Gallimard, 2002
Howard Gardner, *Les Formes de l'intelligence,* Odile Jacob, 1997
Howard Gardner, *Les Formes de la créativité*, Odile Jacob, 2001
Daniel Goleman, *L'Intelligence émotionnelle,* Robert Laffont, 1997
Bernard Golse, *Le Développement affectif et intellectuel de l'enfant,* Masson, 1985
Violaine Guéritault, *La Fatigue émotionnelle et physique des mères,* Odile Jacob, 2004
Carl Gustav Jung, *L'Homme à la découverte de son âme*, Albin Michel, 1987
Michel Lacroix, *Le Développement personnel,* Flammarion, 2000
Gilles Lipovetsky, *L'Ère du vide,* Gallimard, 1983
Maurice Maschino, *Y a-t-il de bonnes mères ?,* Belfond, 1999
Abraham Mazlow, *Vers une psychologie de l'être,* Fayard, 1972
Alice Miller, *La Connaissance interdite,* Aubier, 1990
Alice Miller, *C'est pour ton bien,* Aubier, 1984
Guy Missoum, *La PNL appliquée,* Vigot, 1996
Edgar Morin, *Les 7 savoirs nécessaires à l'éducation du futur*, Seuil, 2000
Roger Perron, Jean-Pierre Aublé, Yves Compas, *l'Enfant en difficultés,* Dunod, 1998
Karl Rogers, *Le Développement de la personne,* Dunod, 1998
Josiane de Saint-Paul, *Choisir sa vie,* Interéditions, 1999
Josiane de Saint-Paul, Sylvie Tennenbaum, *L'Esprit de la magie*, Interéditions, 1999
Jacques Salomé, *Papa, maman, écoutez-moi vraiment*, Albin Michel, 1989
Marc Schwob, *Le Stress,* Flammarion, 1999
Jean-Louis Servan-Schreiber, *Vivre content !*, Albin Michel, 2002
David Servan-Schreiber, *Guérir,* Robert Laffont, 2003
Claude Steiner, *Des scénarios et des hommes,* Desclee de Brouwer
Myriam Szejer, *Des mots pour naître*, Gallimard, 1997
Ian Sewart, Van Joines, *Manuel d'analyse transactionnelle,* Interéditions, 1991
Arlette Yatchinovsky, *L'Approche systémique,* ESF éditeur, 1999

Table des matières